T0281278

BestMasters

Mit „BestMasters" zeichnet Springer die besten Masterarbeiten aus, die an renommierten Hochschulen in Deutschland, Österreich und der Schweiz entstanden sind. Die mit Höchstnote ausgezeichneten Arbeiten wurden durch Gutachter zur Veröffentlichung empfohlen und behandeln aktuelle Themen aus unterschiedlichen Fachgebieten der Naturwissenschaften, Psychologie, Technik und Wirtschaftswissenschaften.

Die Reihe wendet sich an Praktiker und Wissenschaftler gleichermaßen und soll insbesondere auch Nachwuchswissenschaftlern Orientierung geben.

Martin Egeli

Erfolgsfaktoren von Mobile Business

Ein Reifegradmodell zur digitalen Transformation von Unternehmen durch Mobile IT

Mit einem Geleitwort von Prof. Dr. Andrea Back

 Springer Vieweg

Martin Egeli
Zürich, Schweiz

Originaltitel der Masterarbeit: Mobile Business Maturity Model: Entwicklung eines Reifegradmodells zur digitalen Transformation von Unternehmen durch Mobile IT

OnlinePLUS Material zu diesem Buch finden Sie auf
http://www.springer-vieweg.de/978-3-658-12770-1

BestMasters
ISBN 978-3-658-12770-1   ISBN 978-3-658-12771-8 (eBook)
DOI 10.1007/978-3-658-12771-8

Die Deutsche Nationalbibliothek verzeichnet diese Publikation in der Deutschen Nationalbibliografie; detaillierte bibliografische Daten sind im Internet über http://dnb.d-nb.de abrufbar.

Springer Vieweg
© Springer Fachmedien Wiesbaden 2016

Gedruckt auf säurefreiem und chlorfrei gebleichtem Papier

Springer Vieweg ist Teil von Springer Nature
Die eingetragene Gesellschaft ist Springer Fachmedien Wiesbaden GmbH

Geleitwort

Die *Digitale Transformation* ist heute eine allseits wahrgenommene Entwicklung. Der Handlungsbedarf auf allen Ebenen – wirtschaftlich, politisch und persönlich – ist anerkannt. „Alles wird digital sein", lassen Trendforscher verlauten, und oft liest man zusätzlich: „Alles was digital ist, wird mobil sein". Vor diesem Hintergrund befasst sich die Arbeit von Martin Egeli mit der *digitalen Transformation von Unternehmen durch Mobile Informationstechnik* (IT). Mit seinem Reifegradmodell liegt ein einfach verständliches und allgemein praktikables Managementinstrument vor, das Unternehmen und andere Organisationen nutzen können, um den eigenen Entwicklungsstand zu reflektieren und Weiterentwicklungen anzustossen.

Reifegradmodelle sind ein vielseitig einsetzbares Managementinstrument und deshalb auch in der Beratung verbreitet. Je nach Nutzungskontext können sie als Gesprächsgrundlage in gemischten Managementteams dienen, als Self-Assessment Lücken aufzeigen und zur Fokussierung von Investitionen beigezogen werden. Eine weitergehendere Nutzung ist, sie zum periodischen Monitoring der eigenen Weiterentwicklung einzusetzen.

Das von Egeli fundiert entwickelte *Mobile Business Maturity Model* lehnt sich in seiner Struktur an die bewährte St. Galler Business Engineering-Landkarte an, die auch das Rückgrat des schon viele Jahrgänge umfassenden Executive Master of Business Engineering bildet, d.h. sich in der Praxis-Community etabliert und bewährt hat. Auch Egeli hat mehrere Praxexperten einbezogen, um sein Modell sogleich wissenschaftlich hergeleitet und praxisnah einsetzbar zu gestalten.

Die Masterarbeit zu diesem aktuellen Thema zu publizieren und damit einer interessierten Leserschaft zugänglich zu machen, lag auf der Hand, zumal auch ein Excel-basiertes Assessment-Werkzeug vorliegt, mit dem unmittelbar gearbeitet werden kann. Dass Springer mit der Reihe BestMasters die vollständige Veröffentlichung als Buch ermöglicht, schätzen wir sehr. Wir wünschen uns, dass daraus ein Beispiel für einen gelungenen Wissenstransfer zwischen Hochschule und Praxis wird; ganz im Sinne des Anspruchs der Universität St. Gallen: *„Wissen schafft Wirkung"*.

Prof. Dr. Andrea Back
Institut für Wirtschaftsinformatik
Universität St. Gallen (HSG), Schweiz

Institutsprofil

Die Arbeit von Martin Egeli ist am Institut für Wirtschaftsinformatik der Universität St. Gallen entstanden. Sie wurde am *Lehrstuhl von Prof. Dr. Andrea Back* von Sabine Berghaus, Projektleiterin in unserem Arbeitsschwerpunkt *Competence Center (CC) Mobile Business*, betreut.

Im CC Mobile Business beschäftigen wir uns mit der Frage, wie mobile Technologien innovativ im Unternehmenskontext genutzt werden können. Wir pflegen neben der akademischen Spitzenforschung, die in Journal-Publikationen mündet, einen intensiven Austausch mit Praxispartnern, auch in der Lehre. So sind im Fachbuch *Sammer/Back/Walter: Mobile Business – Management von Mobiler IT in Unternehmen* mehrere Unternehmensfallstudien mit Video-Interviews enthalten. Die aktive Zusammenarbeit mündet in anwendungsorientierten Forschungsprojekten mit dem Ziel der Wirtschaftsförderung, in Whitepapers und Marktstudien u.a.m. Das jährliche *St. Gallen Mobile Business Forum*, an dem auch der Mobile Business Best Practice Award verliehen wird, ist eine Plattform für den Dialog von Wissenschaft, Unternehmenspraxis sowie Start-ups, und thematisiert vorausschauend die nächsten Innovationsstufen von Mobile Business.

Abstract

Die vorliegende Arbeit befasst sich mit der *digitalen Transformation von Unternehmen durch Mobile IT* und entwickelt dazu ein *Maturity Model*. Dieses Reifegradmodell soll Unternehmen dabei unterstützen, eine Standortbestimmung vornehmen zu können, um so die eigene Reife im professionellen Umgang mit Mobile Business zu erkennen und daraus Möglichkeiten für Weiterentwicklungen und Verbesserungen im Unternehmen abzuleiten. Zur Erarbeitung der Modellinhalte werden *20 bestehende Maturity Models* zum Themengebiet identifiziert sowie weitere Studien und wissenschaftliche Arbeiten zu Mobile Business herangezogen. Das damit eigenständig konstruierte Maturity Model wird anschliessend anhand von *sechs Experteninterviews* mit Unternehmensvertretern aus der Schweiz und Deutschland evaluiert und vervollständigt.

Das entwickelte *Mobile Business Maturity Model* lehnt sich strukturell an der *St. Galler Business Engineering-Landkarte* an: In dessen vier Ebenen *Strategie, Prozesse, Systeme* und *Kultur* sind insgesamt *zehn Gestaltungsdimensionen* des Modells gruppiert, welche unterschiedliche thematische Aspekte rund um Mobile Business adressieren. Jeweils *drei Gestaltungsobjekte* pro Dimension dienen als Beurteilungskriterien um die Reife in jeder Dimension zu bestimmen. Daraus wird einer von fünf Gesamtreifegraden ermittelt, welcher ausdrücken soll, wie professionell ein Unternehmen mit Mobile Business umgeht: *Geringe Mobilität* (Reifegrad 1), *reaktive Mobilität* (2), *situative Mobilität* (3), *strategische Mobilität* (4) und *integrale Mobilität* (5). Um interessierten Kreisen eine einfache Anwendung des Maturity Models zu ermöglichen, wurde als weiteres Ergebnis der Arbeit ein *Excel-basiertes Assessment-Werkzeug* entwickelt, das direkt von http://fyayc.com/mobile-maturity oder auf der Produktseite des Buches unter www.springer.com heruntergeladen werden kann.

Inhaltsverzeichnis

Abbildungsverzeichnis XV

Tabellenverzeichnis XVII

Abkürzungsverzeichnis XIX

1 Einleitung 1

   1.1 Problemstellung und Relevanz 1

   1.2 Zielsetzungen der Arbeit 2

   1.3 Aufbau der Arbeit 3

2 Theoretische Grundlagen 5

   2.1 Digital Business 5

   2.2 Mobile Business 8

   2.3 Business Transformation 11

   2.4 Maturity Models 12

   2.5 Business Engineering als Bezugsrahmen 15

3 Methodisches Vorgehen 19

   3.1 Problemidentifikation 21

   3.2 Existierende Maturity Models 22

   3.3 Entwicklung des Maturity Models 24

   3.4 Evaluation des Modells 25

4 Existierende Maturity Models für Digital- und Mobile Business 27

   4.1 Ergebnisse der Literaturrecherche 28

   4.2. Methodische Analyse 34

   4.3 Inhaltliche Analyse 37

5 Entwicklung des Mobile Business Maturity Models 43

   5.1 Entwicklungsstrategie 43

5.2   Struktur des Maturity Models 44

5.3   Auf der Literatur basierendes Maturity Model 45

6   Evaluation des entwickelten Mobile Business Maturity Models 53

6.1   Untersuchungsziele und Interviewpartner 53

6.2   Kritische Betrachtung der Evaluation 55

6.3   Erkenntnisse aus den Experteninterviews 57

6.4   Implikationen für das entwickelte Maturity Model 59

7   Das Mobile Business Maturity Model und seine zehn Dimensionen 61

7.1   Strategie-Ebene 62

      7.1.1   Bedeutung von Mobile Business 62

      7.1.2   Organisation von Mobile Business 65

      7.1.3   Performance Management von Mobile Business 69

7.2   Prozess-Ebene 72

      7.2.1   Kundenprozesse im Mobile Business 73

      7.2.2   Mitarbeiterprozesse mit Mobile Business 76

      7.2.3   Durchgängigkeit von Mobile Business 79

7.3   System-Ebene 82

      7.3.1   Technische Umsetzung von Mobile Business 82

      7.3.2   Sicherheitsmechanismen für Mobile Business 86

7.4   Kultur-Ebene 89

      7.4.1   Kompetenzen zu Mobile Business 89

      7.4.2   Anwenderakzeptanz von Mobile Business 92

7.5   Gesamtbetrachtung des entwickelten Modells 95

7.6   Transfer des Maturity Models und Transfermedien 100

8   Diskussion der Ergebnisse 103

8.1   Reflexion des entwickelten Mobile Business Maturity Models 103

8.2   Kritische Würdigung von Maturity Models im Allgemeinen 105

9   Schlussfolgerungen und Diskussion 107

9.1   Zusammenfassung der Erkenntnisse 107

9.2   Implikationen für Theorie und Praxis 108

9.3   Grenzen der Arbeit und Ausblick 109

Literaturverzeichnis 111

Verzeichnis der verwendeten Internet-Quellen 121

Interviewverzeichnis 123

Anhang 125

Das im Rahmen der Arbeit entwickelte *Excel-basierte Assessment-Werkzeug* zur Anwendung des Mobile Business Maturity Models kann direkt von http://fyayc.com/mobile-maturity oder auf der Produktseite des Buches unter www.springer.com heruntergeladen werden.

Abbildungsverzeichnis

Abbildung 1: Generischer Entwicklungsprozess von Maturity Models 15

Abbildung 2: St. Galler Business Engineering-Landkarte (Version 3.0) 17

Abbildung 3: Vorgehen zur Entwicklung des Maturity Models 20

Abbildung 4: Vorgehen bei der Literaturrecherche und -auswertung 22

Abbildung 5: Zusammenhang zwischen Innovationsreife und -diffusion 48

Abbildung 6: Ziele der Untersuchung zur Evaluation des Maturity Models ... 53

Abbildung 7: Die zehn Dimensionen des Mobile Business Maturity Models .. 61

Abbildung 8: Organisationstypen für Mobile Business 68

Abbildung 9: Ausschnitte des Excel-basierten Assessment-Werkzeugs 101

Tabellenverzeichnis

Tabelle 1: Ausgewählte Definitionen von Digital Business und E-Business 5

Tabelle 2: Ausgewählte Definitionen von Mobile Business 8

Tabelle 3: Übersicht über die geplante Literaturauswertung 27

Tabelle 4: Bestehende Maturity Models zu Digital- und Mobile Business 29

Tabelle 5: Methodische Analyse der gefundenen Maturity Models 35

Tabelle 6: Inhaltliche Analyse der gefundenen Maturity Models 38

Tabelle 7: Identifizierte Dimensionen aus der inhaltlichen Analyse 39

Tabelle 8: Bestandteile des Maturity Models 44

Tabelle 9: Mobile Business Maturity Model vor der Evaluation 46

Tabelle 10: Dimensionen und -objekte vor der Evaluation des Modells 49

Tabelle 11: Befragte Experten zur Evaluation des Maturity Models 54

Tabelle 12: Dimension 1.1 „Bedeutung von Mobile Business" 63

Tabelle 13: Dimension 1.2 „Organisation von Mobile Business" 65

Tabelle 14: Dimension 1.3 „Performance Management von Mobile Business" 69

Tabelle 15: Dimension 2.1 „Kundenprozesse mit Mobile Business" 74

Tabelle 16: Dimension 2.2 „Mitarbeiterprozesse mit Mobile Business" 76

Tabelle 17: Dimension 2.3 „Durchgängigkeit von Mobile Business" 79

Tabelle 18: Dimension 3.1 „Technische Umsetzung von Mobile Business" 83

Tabelle 19: Dimension 3.2 „Sicherheitsmechanismen für Mobile Business" 86

Tabelle 20: Dimension 4.1 „Kompetenzen zu Mobile Business" 90

Tabelle 21: Dimension 4.2 „Anwenderakzeptanz von Mobile Business" 93

Tabelle 22: Die fünf Reifegrade des Mobile Business Maturity Models 96

Tabelle 23: Mobile Business Maturity Model in der finalen Version 98

Abkürzungsverzeichnis

AG	Aktiengesellschaft
BYOD	Bring Your Own Device (englisch für „Bring dein eigenes Gerät mit")
CIO	Chief Information Officer (englisch für Verantwortlicher für Informations- und Kommunikationstechnologie)
COPE	Corporate owned Personally Enabled (englisch für „Im Besitz des Unternehmens, für die persönliche Nutzung freigegeben")
CYOD	Choose Your Own Device (englisch für „Wähle dein eigenes Gerät aus")
D	Deutschland
d.h.	das heisst
Dr.	Doktor(in)
E	Electronic (englisch für Elektronisch)
ERP	Enterprise Resource Planning (englisch für Unternehmensressourcenplanung)
et al.	et alii (lateinisch für und andere)
etc.	et cetera (lateinisch für und so weiter)
evtl.	eventuell
GPS	Global Positioning System (englisch für Globales Positionsbestimmungssystem)
h	hour(s) (englisch für Stunde(n))
HSG	Universität St. Gallen
ICT	Information and Communication Technology (englisch für Informations- und Kommunikationstechnologie)
IKT	Informations- und Kommunikationstechnologie
insb.	insbesondere
IT	Informationstechnologie

IWI-HSG	Institut für Wirtschaftsinformatik der Universität St. Gallen
Kap.	Kapitel
KMU	Kleine(s) und mittlere(s) Unternehmen
KPI	Key Performance Indicator (englisch für Leistungskennzahl)
M	Mobile
MDM	Mobile Device Management (englisch für Verwaltung von Mobilgeräten)
M&A	Mergers & Acquisitions (englisch für Fusionen & Übernahmen)
min	Minute(n)
MM	Maturity Model
Nr.	Nummer
PIN	Persönliche Identifikationsnummer
Prof.	Professor(in)
resp.	respektive
S.	Seite(n)
SME	Small and Medium-sized Enterprise(s) (englisch für kleine(s) und mittlere(s) Unternehmen)
St.	Sankt
Vgl.	Vergleiche
z.B.	zum Beispiel
ZH	Kanton Zürich

1 Einleitung

Diese Arbeit beschäftigt sich mit der Reife von Unternehmen im Umgang mit Mobile Business. Wieso dieses Thema bedeutsam ist und wie Zielsetzungen und Herangehensweise an den Forschungsgegenstand genau definiert sind, soll folgendes Kapitel aufzeigen.

1.1 Problemstellung und Relevanz

Seit gerade einmal zehn Jahren (2004) ist der Internetzugriff über Mobiltelefone möglich. Vor sieben Jahren (2007) erschien das erste iPhone und vor lediglich vier Jahren (2010) wurde das erste iPad veröffentlicht (Glaser, 2014, S. 10-11). Die neuen Möglichkeiten von Smartphones und Tablets, wie beispielsweise deren Multitouch-Bedienung durch Berührungen von Touchscreens (Walter et al., 2012, S. 104), deren Möglichkeiten zur Bestimmung der geografischen Position eines Geräts, deren eingebaute Lagesensoren oder deren Aufnahmemöglichkeiten für Audio, Foto und Video, öffneten radikal neue Optionen für mobile Anwendungen (Sirtl & Koch, 2012, S. 370). Von Anwendern werden diese zunehmend genutzt: Das Smartphone wird schätzungsweise 150 Mal pro Tag angeschaut (Ahonen & Morre, 2013), was verdeutlicht, wie sehr mobile Endgeräte in nur wenigen Jahren das persönliche Leben verändert haben.

Da gemäss Schätzungen der Y&R Group mittlerweile mehr als 80 Prozent der Schweizer zwischen 14 und 54 Jahren ein Smartphone besitzen und beinahe jede zweite Person über 30 ein Tablet nutzt (Y&R Group, 2014, S. 2-3), wird der Umgang mit Mobile IT auch für die Geschäftswelt immer bedeutender: Für Unternehmen entstehen sowohl intern gegenüber Mitarbeitenden als auch extern gegenüber Kunden und weiteren Anspruchsgruppen vielfältige neue Chancen und Möglichkeiten. In den vergangenen Jahren haben Unternehmen vor allem ihre Innovationsbudgets eingesetzt, um erste mobile Anwendungen zu entwickeln und durch Experimentieren Erfahrungen zu sammeln (Back,

2012, S. 7). In einer aktuellen Studie von KPMG wird Mobile von Schweizer Unternehmen aber als grösste Herausforderung der digitalen Transformation angesehen (KPMG, 2014, S. 8), was deutlich macht, dass ein unternehmensweites, professionelles Management von Mobile Business immer wichtiger wird.

1.2 Zielsetzungen der Arbeit

Die vorliegende Master-Arbeit möchte zu einem professionelleren Umgang mit Mobile Business einen Beitrag in Form eines Maturity Models leisten. Solche Modelle können verstanden werden als „artifacts which serve to solve the problems of determining a company's status quo of its capabilities and deriving measures for improvement therefrom" (Becker, Knackstedt & Pöppelbuß, 2009, S. 214). Unternehmen sollen somit ein wirkungsvolles Instrument zur Standortbestimmung und zur Unterstützung der digitalen Transformation durch Mobile IT erhalten. Das Ziel ist, das Thema aus theoretischer und praktischer Sicht zu beleuchten, damit die vorliegende Arbeit einen möglichst wertvollen Beitrag an die Weiterentwicklung und Verbesserung von Mobile Business in Unternehmen bieten kann.

Die Erarbeitung der Inhalte und Ausprägungen dieses Mobile Business Maturity Models soll breit abgestützt sein. Eine detaillierte inhaltliche und methodische Auswertung bestehender Maturity Models zu Digital- und Mobile Business soll das wissenschaftliche Fundament bilden. Semi-strukturierte Interviews mit Experten des Gebiets sollen ein Verständnis für entsprechende Herausforderungen und Trends aus der Praxis geben, um aus der kombinierten Betrachtung die entscheidenden Gestaltungsdimensionen und Reifegrade herleiten zu können.

Mit einem allgemeinen theoretischen Teil sollen die nötigen Grundlagen für die Konstruktion des Maturity Models geschaffen werden. Das Ziel ist es, fundiertes Wissen zur digitalen Transformation von Unternehmen durch Mobile IT zu erarbeiten und Mobile Business und verwandte Begriffe zu definieren. Ebenso zentral ist ein methodisches Verständnis zur Entwicklung von Maturity Models, um ein Ergebnis zu schaffen, das den Bedürfnissen von Wissenschaft und Praxis gleichermassen Rechnung trägt.

1.3 Aufbau der Arbeit

Um den gerade genannten Zielsetzungen dieser Arbeit gerecht zu werden, wird ein zweistufiges Vorgehen angewendet. In einem *ersten Teil* wird theoretisch-konzeptionell vorgegangen: Anhand von relevanter Literatur werden grundlegende Theorien und Konzepte zu Mobile Business und damit verwandten Themen erklärt (Kap. 2). Danach wird der aktuelle Forschungsstand zu Maturity Models aufgezeigt und das eigene Vorgehen festgehalten (Kap. 3).

Aufbauend auf diesen Grundlagen, erfolgt in einem *zweiten Teil* schliesslich die eigentliche Konstruktion des Mobile Business Maturity Models. Mit einer rigorosen Literaturauswertung sollen existierende Modelle zu Digital- und Mobile Business identifiziert und analysiert werden (Kap. 4), um damit ein erstes theoriebasiertes Reifegradmodell zu entwickeln (Kap. 5). Dieses wird schliesslich durch Experteninterviews mit ausgewählten Unternehmensvertretern inhaltlich und strukturell evaluiert (Kap. 6). Anhand der Praxis-Rückmeldungen wird eine finale Version des Maturity Models erarbeitet, dessen Ausprägungen und Reifegrade genau definiert sind (Kap. 7). Die Ergebnisse dieser Arbeit sollen abschliessend kritisch betrachtet und diskutiert werden (Kap. 8), bevor mit einer Zusammenfassung der Ergebnisse Bilanz gezogen und ein Ausblick gegeben wird (Kap. 9).

2 Theoretische Grundlagen

Nachfolgend sollen die für diese Arbeit zentralen Begriffe *Digital Business, Mobile Business* und *Business Transformation* definiert werden, damit ein einheitliches Verständnis dazu existiert. Zudem werden *Maturity Models* erklärt und deren Entwicklung theoretisch beschrieben.

2.1 Digital Business

Der Begriff *Digital Business* hat in Wissenschaft und Praxis bis heute keine allgemein anerkannte Definition und Interpretation erhalten. Insbesondere der Terminus *E-Business* (oder ausgeschrieben *Electronic Business*) scheint weitgehend synonym verwendet zu werden, um gleiche oder ähnliche Begebenheiten zu erklären. Nachfolgende Tabelle 1 zeigt neun verschiedene Definitionen dieser beiden Begriffe seit 2006 sowie deren Herkunft.

Tabelle 1: Ausgewählte Definitionen von Digital Business und E-Business

Begriff	Definition	Quelle	Herkunft	
			Theorie	Praxis
Digital Business	„Digital businesses continuously exploit digital technologies to both create new sources of value for customers and increase operational agility in service of customers."	Fenwick & Gill (2014, S. 8)		■
	"The creation of new business designs that not only connect people and businesses, but also connect people, businesses and things (physical objects that are active players and contribute to business value) to drive revenue and efficiency"	Lopez et al. (2014)		■
	"An organization that incorporates digital technology to create revenue and results via innovative strategies, products, processes	McDonald (2014)		■

	and experiences. They use digital resources to create new customer value, revenue and business results."			
E-Business	„Jede Art von wirtschaftlicher Tätigkeit auf der Basis computergestützter Netzwerke (insbesondere des Internets) .... Neben Transaktionen zwischen verschiedenen Wirtschaftssubjekten umfasst der Begriff auch Transaktionen innerhalb kooperierender Systeme und unternehmensinterne Systeme."	IFH (2006, S. 24)	■	
	„Anbahnung, Vereinbarung und Abwicklung elektronischer Geschäftsprozesse, d. h. Leistungsaustausch zwischen Marktteilnehmern mit Hilfe öffentlicher oder privater Kommunikationsnetze ..., zur Erzielung einer Wertschöpfung."	Meier & Stormer (2012, S. 2)	■	
	„Die durchgängige elektronische Abwicklung von idealerweise allen Geschäftsprozessen entlang der gesamten Wertschöpfungskette eines Unternehmens"	Sonntag & Müller (2013, S. 6)		■
	„Die über Telekommunikationsnetzwerke realisierte Anbahnung, Aushandelung [sic] und Abwicklung von Geschäftsprozessen zwischen Wirtschaftssubjekten"	Strauß (2013, S. 1)	■	
	„Alle Aktivitäten ..., die über ein elektronisches Kommunikationsnetz abgewickelt werden und direkt oder indirekt kommerziellen Zwecken dienen"	Alpar et al. (2014, S. 100)	■	
	„The sharing of business information, maintaining of business relationships, and conducting of business transactions by means of digital telecommunications networks"	Zwass (2014, S. 3)	■	
		Σ	5	4

Die Analyse verdeutlicht die unterschiedlichen Auslegungen in der Literatur, welche je nach praxis- oder theoriebasierten Untersuchungen engere oder weitere Begriffsauffassungen zu Grunde legen. Der tabellarische Vergleich zeigt ausserdem, dass Erklärungen des Begriffs *Digital Business* primär in englischsprachigen, praxisgeleiteten Quellen aus dem laufenden Jahr gefunden wurden. Definitionen von *E-Business* erschienen hingegen vor allem in akademischen Quellen, wobei die Mehrzahl davon auf Deutsch verfasst wurde. Ferner ist anzumerken, dass sich für beide Anglizismen keine passenden deutschen Übersetzungen finden lassen, weshalb sich die Verwendung des englischen Begriffs auch auf Deutsch durchgesetzt zu haben scheint.

Eine vergleichende Betrachtung der beiden Begriffe *Digital Business* und *E-Business* wurde nur in zwei Quellen vorgenommen. Während Strauß (2013, S. 1) beide Termini bewusst synonym setzt, sehen Lopez et al. (2014) vom Marktforschungsinstitut Gartner das *Digital Business* als eine Weiterentwicklung von *E-Business*: Für sie liegt der Unterschied darin, dass nicht nur Menschen und Geschäfte verknüpft werden und miteinander agieren, sondern zusätzlich auch „Dinge", wie etwa Sensoren, 3D-Drucker, Robotik oder Drohnen. Diese sehr spezifische Definition ist dahingehend zu relativieren, dass Lopez et al. den Begriff des *E-Business* gleichzeitig darauf reduzieren, Verkaufskanäle in ein globales Medium, das Internet, zu transformieren (Lopez et al., 2014). Solche Definitionen werden verschiedentlich auch als *E-Commerce* angesehen, womit nur der elektronische Handel gemeint ist und daher eine engeres Verständnis von *E-Business* vorliegt, das sich einzig auf die Aussenbeziehungen eines Unternehmens zu seinen Kunden bezieht (vgl. Bächle & Lehmann, 2010, S. 4; Strauß, 2013, S. 1-2; Alpar et al., 2014, S. 100; Meier & Stormer, 2014, S. 2-4). Daher scheint die Auslegung von Digital Business von Lopez et al. (2014) mit der Integration von Dingen in der Definition als zu spezifisch und zu sehr einschränkend für die vorliegende Untersuchung.

Nachfolgend soll für diese Arbeit daher ein ganzheitlicheres Verständnis angewendet werden, das die beiden Begriffe *Digital Business* und *E-Business* im Sinne von Strauß (2013, S. 1) synonym versteht und beide Termini in Anlehnung an Alpar et al. (2014, S. 100) und Meier & Stormer (2012, S. 2) definiert:

Digital Business (oder *E-Business*) umfasst alle Aktivitäten, welche über ein elektronisches Kommunikationsnetz (insbesondere des Internets) angebahnt, vereinbart oder abgewickelt werden und direkt oder indirekt der Erzielung von Wertschöpfung dienen.

Damit liegt eine umfassende Definition vor, welche trotzdem gewisse Aktivitäten ausgrenzt, wie etwa das Versenden rein privater E-Mails (Alpar et al., 2014, S. 100). Durch den Einschluss indirekter Wertschöpfung werden zudem speziell auch die Innensicht eines Unternehmens und entsprechende Aktivitäten zwischen Mitarbeitenden berücksichtigt (Strauß, 2013, S. 4).

Abschliessend bleibt anzumerken, dass verschiedene weitere Begriffe existieren, wie *Digital Enterprise* (z.B. Curran et al., 2014, S. 2), *Digital Transformation*[1] (z.B. Westerman et al., 2011, S. 5; Fitzgerald et al., 2013, S. 2; Solis et al., 2014, S. 8; Wade & Marchand, 2014, S. 2), *Digital Business Strategy* (z.B. Mithas & Lucas, 2010, S. 4; Bharadwaj et al., 2013, S. 472) oder *Digitalisierung* (z.B. Deloitte, 2013, S. 8). Diese versuchen weitgehend synonym gleiche oder ähnliche Begebenheiten zu erklären wie *Digital Business*. Auffallend ist, dass diese Termini bisher vor allem in der Praxis verwendet werden und nur teilweise wissenschaftlich definiert sind.[2]

2.2 Mobile Business

Ähnlich dem Begriff *Digital Business* scheint auch *Mobile Business* (teilweise geschrieben als *M-Business*) in der Wirtschaftsinformatik bis heute keine allgemein anerkannte Definition erhalten zu haben. Nachfolgende Tabelle 2 zeigt neun verschiedene Definitionen, welche im Zeitraum von 2007 bis 2014 verfasst wurden.

Tabelle 2: Ausgewählte Definitionen von Mobile Business

Definition	Quelle	Herkunft	
		Theorie	Praxis
„Die Abwicklung von organisationsinternen bzw. -übergreifenden Geschäftsprozessen mittels mobiler Informationssysteme auf Basis von mobiler IKT"	**Schierholz** (2007, S. 26)	■	

---

[1] Vgl. auch Kap. 2.3 Business Transformation, S. 11.
[2] Ausgewählte Definitionen dieser mit *Digital Business* verwandten Begriffe sind in einer tabellarischen Übersicht in Anhang A, S. 83, zu finden.

Definition	Quelle		
„Jede Art von geschäftlicher Transaktion, bei der die Transaktionspartner im Rahmen von Leistungsanbahnung, -vereinbarung oder -erbringung elektronische Kommunikationstechnologie in Verbindung mit mobilen Endgeräten einsetzen"	De Reuver et al. (2009, zit. in Sammer, Back & Walter, 2014, S. 16)	■	
„Mobile Business bezieht sich ... zum einen auf die innovative Unterstützung der unternehmensinternen und -übergreifenden Wertschöpfungsprozesse durch den Einsatz der multimedialen Mobilkommunikation ..., zum anderen aber auch auf die Realisierung von Transaktionen."	Wamser (2009, S. 406-407)	■	
„Im Kern handelt es sich bei M-Business um ‚Mobile Electronic Business', d. h. es erfolgt eine Einschränkung auf den Einsatz mobiler Netze und Geräte zur Abwicklung von E-Business-Transaktionen"	Bächle & Lehmann (2010, S. 4-5)	■	
„Die Durchführung von Wertschöpfungsprozessen zwischen Unternehmen sowie von Prozessen innerhalb von Unternehmen und öffentlichen Verwaltungen mit Hilfe mobiler IKT-Infrastrukturen und –Anwendungen"	Büllingen, Hillebrand & Schäfer (2010, S. 1)	■	
„Alle Aktivitäten, Prozesse und Applikationen, welche mit mobilen Technologien realisiert werden können"	Meier & Stormer (2012, S. 247)	■	
„Prozesse, Aktivitäten sowie Applikationen, die unter Nutzung drahtloser Übertragungstechnologien sowie mobiler Endgeräte zur Optimierung von geschäftlichen Vorgängen eingesetzt werden"	Walter et al. (2012, S. 12)	■	■
„Die über mobile Telekommunikationsnetzwerke und mobile Zugangsgeräte realisierte Anbahnung, Aushandelung [sic] und Abwicklung von Geschäftsprozessen zwischen Wirtschaftssubjekten"	Strauß (2013, S. 6)	■	
„[Einsatz] mobile[r] Endgeräte zur Abwicklung von Geschäfts- und Transaktionsprozessen"	Alpar et al. (2014, S. 106)	■	
	Σ	8	2

Die Übersicht verdeutlicht, dass eine grosse Verständnisbreite zum Begriff existiert. Mehrere Autoren teilen jedoch die Ansicht, dass *Mobile Business* als Unterbegriff von *Digital Business*, resp. *E-Business* zu verstehen ist (vgl. Bächle & Lehmann, 2010, S. 4-5; Meier & Stormer, 2012, S. 247; Alpar et al., 2014, S. 106) und der zentrale Unterschied in der Ortsungebundenheit durch die Verwendung mobiler Kommunikationstechnologien zu sehen ist (Meier & Stormer, 2012, S. 247; Alpar et al., 2014, S. 106). Der Definition von Wamser (2009)

folgend, hat *Mobile Business* ähnlich *Digital Business* sowohl eine unterneh-
mensübergreifende Ebene zur Gestaltung der gesamten Wertschöpfungskette
als auch eine intraorganisationale Perspektive zur innerbetrieblichen Unterstützung von Mitarbeitenden (Wamser, 2009, S. 406-407).

Die gefundenen Quellen sind überwiegend wissenschaftlichen Ursprungs und
mehrheitlich[3] auf Deutsch verfasst, was verdeutlicht, dass sich die englische
Bezeichnung auch in der deutschsprachigen Anwendung durchgesetzt zu haben scheint. Speziell im englischen Sprachraum werden teilweise auch die Begriffe *Mobile Enterprise* (z.B. Basole & Rouse, 2007, S. 481; IBM, 2013, S. 2) und
Enterprise Mobility (z.B. Vetter, 2013, S. 2) verwendet, welche jedoch eine weitgehend ähnliche Bedeutung der Thematik aufweisen.[4]

Das Verständnis von *Mobile Business* in dieser Arbeit soll umfassend sein und
lehnt sich an den Begriffsbestimmungen von De Reuver (2009), Wamser (2009,
S. 406-407) und Bächle & Lehmann (2010, S. 4-5) sowie der zuvor gemachten
Definition von *Digital Business* an:

Mobile Business (oder *M-Business*) wird als Untermenge von Digital Business
verstanden und umfasst alle Aktivitäten, welche über ein elektronisches
Kommunikationsnetz in Verbindung mit mobilen Endgeräten (oder Mobile IT)
angebahnt, vereinbart oder abgewickelt werden und direkt (im Austausch mit
Kunden) oder indirekt (durch Optimierung geschäftlicher Vorgänge) der Erzielung von Wertschöpfung dienen.

Diese Definition soll die nahe Verwandtschaft mit *Digital Business* verdeutlichen, da der primäre Unterschied in der Einschränkung auf den Einsatz von
Mobile IT liegt, während Mobile Business sonst weitgehend gleiche Aspekte
und Gestaltungsbereiche anspricht. *Mobile IT* soll dabei im Sinne von Sammer
et al. (2014) verstanden werden „als Sammelbegriff für sämtliche mobile Com-
putergeräte" (S. 14). Auch hier wird wiederum durch die Berücksichtigung

---

[3] Von den gefundenen Definitionen ist jene von De Reuver et al. (2009) in englischer Sprache
verfasst worden. In der Tabelle wurde jedoch die von Sammer et al. (2014, S. 16) übersetzte
Version wiedergegeben, so dass die ursprüngliche Sprache des Zitats hier nicht direkt ersichtlich wird.
[4] Ausgewählte Definitionen dieser mit *Mobile Business* verwandten Begriffe sind in einer
tabellarischen Übersicht in Anhang A, S. 83, zu finden.

indirekter Wertschöpfung neben der Kundenperspektive auch die unternehmensinterne Sicht einbezogen, wo es um die Mobilisierung von Mitarbeitenden und entsprechender Prozesse geht.

Zentral scheint schliesslich auch noch der Begriff *Mobile Business Solutions*. Dieser stellt „das operativ einsetzbare Ergebnis eines Mobile-Projekts" (Sammer et al. 2014, S. 65) dar und kann etwa in Form einer App, also einem Programm oder einer Applikation für mobile Geräte (Linnhoff-Popien & Verclas, 2012, S. 3), ausgestaltet sein.

2.3 Business Transformation

Business Transformation bezeichnet komplexe organisationale Veränderungsprozesse in Unternehmen und entlang der ganzen Wertschöpfungskette, welche gemäss Gabler Wirtschaftslexikon „eine fundamentale Wende in der Beziehung eines Unternehmens zu Einzelpersonen und zu seinem wirtschaftlichen und gesellschaftlichen Umfeld" (Reineke & Bock, 2007, S. 58) implizieren.[5] Beispiele von Business Transformationen sind etwa die Auslagerung von Geschäftsprozessen, Veränderungen des Geschäftsmodells, M&A-Transaktionen oder organisationale Restrukturierungsmassnahmen (Uhl, 2012, S. 1).

Im Kern geht es bei *Business Transformation* um die Frage, wie Unternehmen mit Wandel umgehen und diesen professionell managen. In der vorliegenden Arbeit soll der Begriff in Anlehnung an Möller (2013, S. 226) umfassend verstanden werden:

Business Transformation bezeichnet den bewusst angestossenen Wandel eines Unternehmens, welcher eine Veränderung innerhalb des Unternehmens (etwa mit einer Neuausrichtung von Organisation und Prozessen und einer Wandelung der Unternehmenskultur) voraussetzt, um nach aussen Wirksamkeit zu entfalten.

---

[5] Gewisse Autoren verwenden synonym auch den Begriff *Enterprise Transformation* (z.B. Hanna, 2010, S. 1-25; Purchase et al., 2011, S. 14-33).

In der vorliegenden Arbeit interessiert insbesondere jene *Business Transformationen*, welche auf Innovationen in der Informations- und Kommunikationstechnologie zurückzuführen sind und sich damit auch an der Disziplin des *Business Engineerings* orientieren:[6] Deren Kernziel ist „die methodische Transformation von Unternehmen des Industriezeitalters in Unternehmen des Informationszeitalters" (Baumöl, 2008, S. 35). Bezogen auf den Forschungsgegenstand, wird denn auch von *Mobile (Business) Transformation* (z.B. Basole & Rouse, 2007, S. 482-482; Harvard Business Review & SAP, 2012a, S. 3) oder *Mobility Transformation* (z.B. IBM, 2013, S. 9) gesprochen. Im Bereich Digital Business werden auf ähnliche Weise Begriffe, wie *Digital (Business) Transformation*[7] (z.B. Westerman et al., 2011, S. 5; Fitzgerald et al., 2013, S. 2; Solis et al., 2014, S. 8; Wade & Marchand, 2014, S. 2; Hauk & Penkert, 2014, S. 469-471) oder *Digital Disruption* (z.B. McQuivey, 2012, S. 1-16) verwendet.

2.4   Maturity Models

Der Begriff *Maturity*, oder zu Deutsch *Reife*,[8] kann verstanden werden als die Veränderung eines Ausgangszustands in einen anderen, fortgeschritteneren Zustand. Somit drückt das Konzept eine stufenweise Entwicklung über dazwischenliegende Zustände aus, bis schliesslich „the most advanced stage in a process" (Stevenson, 2010) erreicht wird (Antoniades, 2014, S. 11). In der Wirtschaftsinformatik wird Maturity als „a measure to evaluate the capabilities of an organization" (Rosemann & de Bruin, 2005, S. 1) angesehen. Eine solche Evaluation von Fähigkeiten *wird durch Maturity Models* (MM), oder *Reifegradmodelle*, ermöglicht: Diese zeigen einen erwarteten, typischen, logischen und erwünschten Entwicklungspfad zur Reife auf (Becker et al., 2009, S. 213) und erfreuen sich gerade auch in der Wirtschaftsinformatik grosser Beliebtheit

---

[6] Vgl. Kap. 2.5 Business Engineering als Bezugsrahmen, S. 15.

[7] Ausgewählte Definitionen dieses Begriffs sind tabellarisch in Anhang A, S.83, wiedergegeben.

[8] Nachdem sich für die in dieser Arbeit zentralen Begriffe *Digital Business* und *Mobile Business* bisher keine deutschen Übersetzungen durchgesetzt haben (vgl. Kap. 2.1, S. 5 und Kap. 2.2, S. 8), wird auch bei *Reifegradmodellen* auf den Anglizismus *Maturity Model* zurückgegriffen, um keine deutsch-englische Mischbegriffe, wie *Mobile Business Reifegradmodell*, schaffen zu müssen.

(Raber, 2013, S. 12), da sie als Werkzeug dienen können, IT effektiv und effizient zu designen und einzusetzen (Becker et al., 2009, S. 213).

Typischerweise beinhaltet ein Maturity Model *vier Charakteristika*: Dimensionen, Levels, Reifeprinzip und Beurteilungsinstrument. Ein MM setzt sich aus mehreren *Levels* oder Reifegraden und einer Anzahl von strukturierenden *Dimensionen* zusammen. Bei den *Dimensionen* handelt es sich um spezifische Fähigkeitsgebiete, welche das Themenfeld gruppieren und ordnen. Jedes Level setzt sich aus einer detaillierten Beschreibung der entsprechenden Charakteristika zusammen. Das *Reifeprinzip* eines Modells kann entweder kontinuierlich oder gestuft sein: Bei gestuften MMs müssen alle Spezifika eines Levels erfüllt sein um den nächsten Reifegrad zu erreichen, während bei kontinuierlichen Modellen eine Punktzahl aus dem Erfüllen einzelner Aktivitäten auf unterschiedlichen Stufen ermittelt und daraus ein Maturity Level abgeleitet wird. Damit können in verschiedenen Dimensionen unterschiedliche Levels erzielt werden. Als *Beurteilungsinstrumente* kommen schliesslich entweder qualitative Beschreibungen oder quantitative Methoden, wie der Einsatz von Likertbasierten Umfragen, in Frage. (Lahrmann & Marx, 2010, S. 522-523; Marx, Wortmann & Mayer, 2012, S. 194; Mettler, 2010, S. 49-51)

Für die Entwicklung von Maturity Models haben sich in den vergangenen zehn Jahren mehrere *Gestaltungsprozesse* etabliert (vgl. de Bruin et al., 2005, S. 2-9; Becker et al., 2009, S. 217-221; Maier, Moultrie & Clarkson, 2009, S. 148-152; Mettler, 2010, S. 135-137; van Steenbergen et al., 2010, S. 326-329; Lahrmann et al., 2011, S. 182-183). Alle sechs identifizierten Vorgehensmodelle folgen einem sehr ähnlichen Grundaufbau, welcher auf fünf generische Phasen zurückzuführen ist (Lahrmann et al., 2011, S. 179):

1. *Problemidentifikation*: Zunächst wird der Bedarf nach einer neuen oder besseren Problemlösung festgestellt, wobei dieser vor allem von der Reife des Einsatzbereichs abhängt, da aufstrebende Thematiken allgemein höheren Erklärungsbedarf haben als bereits etablierte Fachgebiete (Marx, 2011, S. 15).

2. *Zielsetzung und Eingrenzung*: Um ein brauchbares Modell zu entwickeln, ist es wichtig, klare Ziele des MM zu definieren und dabei auch den Gestaltungsbereich einzugrenzen sowie festzulegen, welche Aspekte in die Modellerarbeitung einfliessen und welche nicht (Raber, 2013, S. 14). So werden auch „... the outer boundaries for model application and use" (de Bruin et al., 2005, S. 3) bestimmt.

3. *Modellgestaltung*: Die eigentliche Modellkreation kann entweder top-down oder bottom-up erfolgen. Beim *Top-Down*-Vorgehen werden zunächst die Levels, resp. Reifegrade, festgelegt und dann deren Ausprägungen in den einzelnen Dimensionen bestimmt. *Bottom-up* werden erst die Dimensionen und deren Eigenschaften bestimmt und daraus dann die Levels abgeleitet. So kann es dabei auch sein, dass verschiedene Dimensionen eine unterschiedliche Anzahl an Reifegraden haben. In der Wirtschaftsinformatik wurden die meisten Modelle bisher top-down ausgestaltet (Marx, 2011, S. 15-16). Auch die grosse Mehrheit der vom Autor dieser Arbeit identifizierten Gestaltungsprozesse (mit Ausnahme desjenigen von Lahrmann et al., 2011, S. 182-183) schlagen einen Top-Down-Ansatz vor.

4. *Evaluation*: Nach dessen Entwicklung sollte ein MM evaluiert werden, um dessen Akzeptanz zu erhöhen. Als mögliche Kriterien werden in der Literatur etwa Validität, Zuverlässigkeit, Generalisierbarkeit oder Qualität genannt (Lahrmann et al., 2011, S. 179).

5. *Iterative Nutzung und Evolution*: In der letzten Phase geht es um Themen, wie die Verbreitung eines Maturity Models, dessen weitere Evolution auf Grund von Entwicklungen und Innovationen im Themengebiet, sowie die Sicherstellung der Nutzung des Modells mit geeigneten Transfermitteln (Raber, 2013, S. 5).

Nachfolgende Abbildung 1 fasst diese Gestaltungsschritte nochmals grafisch zusammen.

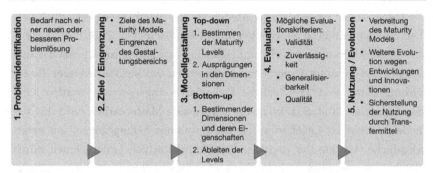

Abbildung 1: Generischer Entwicklungsprozess von Maturity Models
(Quelle: Eigene Abbildung, Inhalt basiert auf: Lahrmann et al., 2011, S. 179)

Typische *Forschungsmethoden* für die Entwicklung von Maturity Models sind etwa Fokusgruppen, Interviews, Delphistudien, Literaturauswertungen, Fallstudien oder Kreativitätstechniken. Quantitative Mittel werden wesentlich seltener gebraucht und werden einzig im Gestaltungsprozess von Lahrmann et al. (2011, S. 182-183) mit der Verwendung des Rasch-Algorithmus' vorgeschlagen (Marx, Wortmann & Mayer, 2012, S. 194).

2.5 Business Engineering als Bezugsrahmen

Veränderungen werden häufig durch Technologiennovationen ausgelöst, wobei Wandel immer mehr auch von Innovationen in der Informations- und Kommunikationstechnologie getrieben wird (Winter, 2008, S. 30). Als systematischer Ansatz versucht das *Business Engineering*, die Transformation von Geschäftsmodellen in bestehenden oder neuen Unternehmen zu begleiten und zu gestalten. So sollen Komplexität und Unsicherheit, welche solchen Veränderungs- und Transformationsprojekten zu Grunde liegen und schlussendlich oft zu deren Scheitern führen, reduziert werden. Gleichzeitig soll durch Business Engineering die Agilität von Unternehmen erhöht werden, weil Wettbewerbsvorteile in aller Regel nur auf Zeit bestehen und Veränderungen daher längerfristig frühzeitig erkannt und Geschäftsmodelle darauf angepasst werden müssen (Österle, 2007, S. 78-80).

Die Dimensionen eines Maturity Models sollten sowohl wissenschaftlich fundiert als auch praktisch relevant begründet sein (Neff et al., 2014, S. 897). Da es sich bei *Mobile Business* um ein umfangreiches und komplexes Thema handelt, welches das gesamte Unternehmen erfasst, ist ein strukturierender Raster wichtig, damit eine ganzheitliche Perspektive eingenommen werden kann (Sammer et al., 2014, S. 17). Für die vorliegende Master-Arbeit wird die Methode des *Business Engineerings* als Bezugsrahmen herangezogen, um unterschiedliche Aspekte der digitalen Transformation von Unternehmen durch Mobile IT systematisch zu beleuchten. Die in nachfolgender Abbildung 2 dargestellte *St. Galler Business Engineering-Landkarte* unterscheidet in ihrer dritten Version grob zwischen folgenden *vier Ebenen* (Baumöl & Jung, 2014, S. 47; Baumöl, 2007, S. 48):

- Die *Unternehmensstrategie* ist Ausgangspunkt von Unternehmenstransformationen und bestimmt die längerfristige Positionierung im Markt, die Form der Leistungserbringung sowie das Geschäftsmodell (Österle, Höning & Osl, 2011, S. 19).

- In der Ebene der *Geschäftsprozesse* wird die Strategie schliesslich umgesetzt, wobei in einzelnen Prozessen durch die Ausführung von Aufgaben die eigentlichen Leistungen erbracht werden (Österle & Blessing, 2005, S. 12).

- *Informations- und Kommunikationssysteme* unterstützen die Prozesse mit IT-Funktionen und entsprechenden Applikationssystemen (Österle, 2007, S. 77).

- Neben diesen fachlichen Ebenen werden Transformationen durch fünf politisch-kulturelle Dimensionen geprägt, welche unter dem Begriff *Unternehmenskultur* zusammengefasst werden können (Baumöl, 2007, S. 44-45). Abgesehen von der Unternehmenskultur sind dabei die Aspekte *Führung und Verhalten, Kommunikation, Machtstrukturen* sowie *Sozialkompetenz des Individuums und der Gruppe* zentral, was auch die Wichtigkeit von Change Management verdeutlicht (Baumöl & Jung, 2014, S. 46-47; Österle, Höning & Osl, 2011, S. 9; Österle, 2007, S. 77).

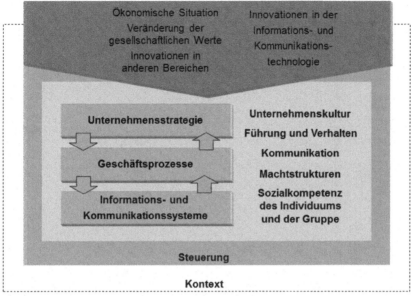

Abbildung 2: St. Galler Business Engineering-Landkarte (Version 3.0)
(Quelle: Baumöl, 2007, S. 48)

Diese vier Ebenen werden das Grundgerüst des zu entwickelnden Mobile Business Maturity Models bilden. Dessen Konstruktion wird nachfolgend methodisch genauer erläutert.

3 Methodisches Vorgehen

Aufbauend auf den theoretischen Ausführungen im vorhergehenden Kapitel, soll nachfolgend konkret das methodische Vorgehen der vorliegenden Master-Arbeit beschrieben werden, welche zum Ziel hat, ein Maturity Model für Mobile Business zu entwickeln.

Nachdem bereits grob eine generischer Prozess zur Entwicklung von Maturity Models aufgezeigt wurde, welcher allen gängigen Vorgehensmodellen gemein ist, soll nachfolgend der spezifische Gestaltungsprozess der vorliegenden Arbeit beschrieben werden.[9] Das Vorgehen folgt dabei dem Vorschlag von Becker et al. (2009, S. 217-221), da deren Entwicklungsprozess einerseits mehrfach Anwendung fand (z.b. Hain & Back, 2011, S. 5-9; Jin, Chai & Tan, 2014, S. 89-98; Neff et al., 2014, S. 897-899) und sich damit bewährt zu haben scheint, und es andererseits als einziges der untersuchten Vorgehensmodelle explizit auch eine Literaturauswertung existierender Maturity Models als Prozessphase empfiehlt. Nach Ansicht des Autors ist dieser Schritt gerade bei einem noch so jungen Thema wie Mobile Business, das „derartig schnell von Hype- und Trendbekundungen zur breiten Umsetzung in der Praxis gelangt" (Back, 2012, S. 7) ist, absolut zentral, um ein fundiertes Modell erarbeiten zu können.

Konkret soll das Vorgehensmodell von Becker et al. (2009, S. 217-221) so verwendet werden, wie es Neff et al. (2014, S. 897-899) vorschlagen und auch für ein eigenes Maturity Model angewendet haben: Diese haben die von Becker et al. genannten sieben Entwicklungsphasen leicht umstrukturiert und gewisse Schritte zusammengefasst, um die Komplexität zu reduzieren und die Entwicklung des Modells verständlich in vier Phasen dokumentieren zu können. Nachfolgende Abbildung 3 zeigt den Vorgehensprozess in einer Übersicht

---

[9] Vgl. Kap. 2.4 Maturity Models, S. 12.

und nennt auch die einzelnen Aktivitäten, eingesetzten Techniken und Ergebnisse der einzelnen Phasen:

Phasen	Problem-identifikation	Existierende Maturity Models	Entwicklung des Modells	Evaluation und Transfer des Modells
Aktivitäten	• Problemidentifizierung • Motivation • Definition der strukturierenden Ebenen	• Identifikation und Evaluation existierender Maturity Models zu Digital- und Mobile Business • Festlegung der Entwicklungsstrategie	• Iteration 1: Konzeptualisierung der Maturity Levels und der strukturierenden Ebenen und Dimensionen • Iteration 2: Ausarbeitung der Beschreibungen pro Level und Dimension sowie Verfeinerung	• Konzeption und Durchführung der eigentlichen Evaluation • Konzeption des Transfers und Implementierung von Transfermedien
Techniken	• Erste Literaturrecherche und -auswertung	• Detaillierte Literaturauswertung • Vorgehen nach *Webster und Watson* (2002) und *vom Brocke et al.* (2009)	• Inhaltliche Analyse existierender Modelle • Verwendung weiterer Literatur, insb. *Sammer et al.* *(2014)*	• Experteninterviews mit 6 Unternehmensvertretern • Excel-basiertes Assessment-Werkzeug zur Selbstbeurteilung
Ergebnisse	• Kap. 1 Einleitung (S. 1) • Kap. 2 Theoretische Grundlagen (S. 5) • Kap. 3 Methodisches Vorgehen (S. 19)	• Kap. 4 Vergleich mit existierenden MMs (S. 27) • Tabelle 5 Methodische Analyse (S. 35) • Tabelle 6 Inhaltliche Analyse (S. 38) • Kap. 5.1 Entwicklungsstrategie (S. 43)	• Kap. 5 Maturity Model-Entwicklung (S. 43) • Tabelle 9 Modell vor der Evaluation (S. 46)	• Kap. 6 Evaluation (S.53) • Kap. 7 Finales Mobile Business MM (S. 61) • Abbildung 7 Gestaltungsdimensionen (S. 61) • Tabelle 22 Finales Modell in der Übersicht (S. 98) • Kap. 7.6 Transfer (S. 100)

Abbildung 3: Vorgehen zur Entwicklung des Maturity Models
(Quelle: Eigene Abbildung, in Anlehnung an: Neff et al., 2014, S. 898 und Becker et al., 2009, S. 218)

Nach der Problemidentifikation erfolgt ein Vergleich mit bereits existierenden Maturity Models des Anwendungsgebiets, bevor das eigene Modell dann iterativ entwickelt und schliesslich evaluiert wird (Neff et al., 2014, S. 897-899). Abschliessend ist anzumerken, dass das Vorgehen nach Becker et al. (2009, S. 217-221) eine qualitative Methode darstellt, wie es von der überwiegenden Mehrheit der angeschauten Gestaltungsprozesse ebenfalls postuliert wird.[10] Im Folgenden wird das methodische Vorgehen in den vier Entwicklungsphasen genauer beschrieben und einzeln erläutert.

3.1 Problemidentifikation

Um zum Mobile Business Maturity Model zu gelangen, wird in einem ersten Schritt das Problem genau identifiziert. Wie von Becker et al. (2009, S. 217-218) gefordert, soll insbesondere eine *Spezifikation des Forschungsproblems* sowie dessen *Relevanz für Wissenschaft und Praxis* aufgezeigt werden. Speziell in der *Einleitung* dieser Arbeit, aber auch im Rahmen der *Begriffsdefinition* bei den theoretischen Grundlagen, wurde das Untersuchungsgebiet *Mobile Business* und dessen Bedeutung bereits erläutert sowie die Motivation für die Entwicklung eines Maturity Models aufgezeigt,[11] weshalb nachfolgend nicht mehr weiter auf die Problemidentifizierung eingegangen wird. Die genannten Ergebnisse wurden hauptsächlich über eine erste Literaturrecherche sowie eine intensive Auseinandersetzung mit dem Thema gewonnen.

Mit der Methodik des *Business Engineerings* wurde zudem ein allgemeiner Bezugsrahmen für diese Arbeit definiert.[12] Die vier Ebenen der *St. Galler Business Engineering-Landkarte* (Baumöl, 2007, S. 48) dienen dabei als grundsätzliche Struktur des zu entwickelnden Modells, welches entsprechend entlang der Ebenen *Unternehmensstrategie, Geschäftsprozesse, Informations- und Kommunikationssysteme* sowie *Unternehmenskultur* aufgebaut sein wird.

---

[10] Vgl. Kap. 2.4 Maturity Models, S. 12.
[11] Vgl. Kap. 1 Einleitung, S. 1, sowie Kap. 2.2 Mobile Business, S. 8.
[12] Vgl. Kap. 2.5 Business Engineering als Bezugsrahmen, S. 15.

3.2   Existierende Maturity Models

Ein Vergleich existierender Maturity Models zu Digital- und Mobile Business soll in einem zweiten Schritt erarbeitet werden, um Schwachstellen bestehender Modelle oder eine fehlende Übertragbarkeit auf die identifizierte Problemstellung zu erkennen (Becker et al., 2009, S. 218). Neben Maturity Models zu Mobile Business werden bewusst auch solche zu Digital Business berücksichtigt, da eine erste Literaturübersicht gezeigt hatte, dass vergleichsweise wenig Modelle zu Mobile Business existieren. Zudem zeigte sich bereits bei den theoretischen Grundlagen, dass beide Begriffe ein ähnliches Verständnis aufweisen und Mobile Business verschiedentlich als Unterbegriff von Digital Business angesehen wird.[13]

Für die Analyse existierende Maturity Models soll eine strukturierte Literaturrecherche und –auswertung stattfinden, wie sie von Webster und Watson (2002, S. xv-xviii) und vom Brocke et al. (2009, S. 2209-2212) vorgeschlagen wird. Diese beiden Frameworks fanden bereits Anwendung bei mehreren Literaturauswertungen von Maturity Models in unterschiedlichen Themenbereichen (z.B. Lahrmann et al., 2010, S. 2-10; Marx, Wortmann & Mayer, 2012, S. 195-198; Raber, 2013, S. 17-23; Neff et al., 2014, S. 900-902) und scheinen daher dem Forschungszweck angemessen zu sein. Nachfolgend wird der Prozess nach vom Brocke et al. (2009, S. 2209-2212) genauer beschrieben, der in Abbildung 4 in einer Übersicht dargestellt ist.

Abbildung 4: Vorgehen bei der Literaturrecherche und -auswertung
(Quelle: Eigene Abbildung, Inhalt basiert auf: vom Brocke et al., 2009, S. 2210)

Um eine rigorose Literaturanalyse durchführen zu können, empfehlen vom Brocke et al. (2009, S. 2210-2212) zunächst *Umfang und Ziele* der Auswertung festzulegen, um danach eine *Konzeptualisierung des Themas* vorzunehmen. Dieser zweite Schritt umfasst etwa die Festlegung von Arbeitsdefinitionen für

---

[13] Vgl. Kap. 2 Theoretische Grundlagen, S. 5.

zentrale Begriffe sowie das Gewinnen der Suchwörter für die nachfolgende Literaturrecherche, beispielsweise auch durch Identifikation von Synonymen der Schlüsselbegriffe (Brocke et al. 2009, S. 2209-2211).

Danach folgt der eigentliche *Suchprozess*, der eine direkte Suche in relevanten Journals, eine Suche über Datenbanken oder eine Recherche mittels Schlagwörtern umfassen kann. Zudem wird empfohlen, jeweils auch eine *Rückwärts-* und *Vorwärtssuche* vorzunehmen. Mit ersterem ist gemeint, die Zitierungen der gefunden Artikel zu überprüfen, um ältere Quellen zum Thema aufzufinden; durch Suche nach Artikeln, welche die Fundstücke zitieren, wird eine Vorwärtssuche vorgenommen, welche ebenfalls relevante Quellen zu Tage fördern kann (Webster & Watson, 2002, S. xvi). Eine fortlaufende Evaluation der gefundenen Quellen wird empfohlen.

Nachdem genügend Literatur zu einem Thema gefunden wurde, soll diese in einem nächsten Schritt *analysiert und synthetisiert* werden. Dazu kann beispielsweise eine Konzept-Matrix zum Einsatz kommen, welche themenrelevante Konzepte in unterschiedliche Analyseeinheiten unterteilt (Webster & Watson, 2002, S. xvii-xviii; vom Brocke et al., 2009, S. 2211-2212). Insbesondere diese vierte Phase der Analyse und Synthese soll der Struktur von Lahrmann et al. (2010, S. 2-10) folgen, welche eine Literaturauswertung über Maturity Models zu Business Intelligence gemacht haben. Dabei nahmen sie nach einer Übersicht über die gefundenen Modelle einerseits eine inhaltliche und andererseits eine methodische Analyse der Maturity Models vor.

Die Erkenntnisse der Literaturrecherche können dann als letzter Schritt schliesslich in eine *Forschungsagenda* münden, welche Inputs und Fragestellungen für die künftige Forschung geben kann (vom Brocke et al., 2009, S. 2212). Da die Literaturauswertung in der vorliegenden Arbeit jedoch die Basis für die Konstruktion eines eigenen Maturity Models dient, wird diese Phase ausgelassen und keine explizite Forschungsagenda auf Basis der Recherche aufgestellt.

Als weiteres Ergebnis des Vergleichs existierender Maturity Models soll in diesem Schritt auch die *Entwicklungsstrategie* für die Konstruktion des eigenen Modells festgelegt werden. Dabei können grundsätzlich vier Ausprägungen unterschieden werden (Becker et al., 2009, S. 218):

- *Erarbeitung* eines komplett neuen MMs
- *Erweiterung* eines bestehenden Modells
- *Kombinierung* mehrerer Modelle in ein neues Maturity Model
- *Transfer* von Strukturen oder Inhalten bestehender MMs in ein neues Anwendungsfeld

Ist dieser Schritt abgeschlossen, folgt die *eigentliche Entwicklung* des eigenen Modells.

3.3 Entwicklung des Maturity Models

Zur Konstruktion des eigentlichen Maturity Models wird im verwendeten Vorgehensmodell ein iterativer Ansatz empfohlen, der sich in vier Unterschritte gliedert (Becker et al., 2009, S. 218):

1. Zunächst wird festgelegt, *welches Element des Modells designt werden soll.* Dabei soll mit der grundlegenden Architektur des MMs begonnen werden, bevor dann die individuellen Dimensionen und deren Attribute ausgearbeitet werden können.

2. Dann muss das *Vorgehen für die Ausgestaltung* festgelegt werden. Häufig verbreitet sind dafür etwa Literaturanalysen, explorative Forschungsmethoden oder Kreativtechniken.

3. Als Nächstes erfolgt die *Ausgestaltung des gewählten Ausschnitts* des Modells und dessen Inhalte gemäss dem gewählten Vorgehen.

4. Abschliessend soll das *Resultat getestet* werden. Kriterien dazu sind insbesondere Umfang, Konsistenz und Adäquanz in Bezug auf das Problem. Das Ergebnis dieser Überprüfung entscheidet dann über Fortsetzung und weitere Iterationen des Designprozesses.

Die vorliegende MM-Konstruktion soll in zwei Iterationen erfolgen. In einer ersten Phase werden die relevanten Ebenen und Dimensionen sowie die Maturity Levels definiert und konzipiert. Nach der Ausarbeitung des Grundgerüsts sollen in einer zweiten Iteration die Beschreibungen der Reifegrade für die einzelnen Dimensionen ausgearbeitet werden. Somit erfolgt die Erarbeitung des Modells in einem Top-Down-Vorgehen (Marx, 2011, S. 15-16).

3.4 Evaluation des Modells

Wie von Neff et al. (2014, S. 899) vorgeschlagen, werden in der Modellevaluation die drei Schritte *Konzeption von Transfer und Evaluation, Implementierung von Transfermedien* und die eigentliche *Evaluation* (Becker et al., 2009, S. 218-219) in einer Phase kombiniert. Die Evaluation soll dabei den Nachweis erbringen, „whether the maturity model provides the projected benefits and an improved solution for the defined problem" (Becker et al., 2009, S. 219). Das Modell soll speziell auf dessen Vollständigkeit, Konsistenz und Nützlichkeit überprüft werden.

Als Forschungstechnik sollen *Experteninterviews* mit Unternehmensvertretern aus der Praxis zum Einsatz kommen. Diese bestehen aus mehreren Einzelinterviews mit Fachexperten, wobei die Anzahl der Befragungen normalerweise tief gehalten wird. Die Experten werden bewusst auf Grund ihres Fachwissens im untersuchten Forschungsbereich ausgesucht (Meuser & Nagel, 2009, S. 465-470). In der vorliegenden Arbeit werden Experteninterviews also eingesetzt, um die theorie- und literaturgetriebene Modellentwicklung durch Fach- und Praxiswissen zu überprüfen und die Eigenschaften des Modells zu testen und gegebenenfalls zu ändern.

Im Rahmen der *Konzeption des Transfers* und der *Implementierung entsprechender Transfermedien* müssen schliesslich noch Entscheide getroffen werden, wie die entsprechenden Ergebnisse der Forschungsarbeit an interessierte wissenschaftliche und praktische Kreise übergeben werden können. Zentral ist die Frage, wie insbesondere Unternehmen das entwickelte Maturity Model als Instrument verwenden und anwenden können, um so eine Standortbestimmung bezüglich ihrer digitalen Transformation durch Mobile IT vorzunehmen. So sind etwa die Veröffentlichungen von Checklisten und Anleitungen oder eine software-unterstützte Bereitstellung via Internet denkbar (Becker et al., 2009, S. 218).

Aufbauend auf dem in diesem Kapitel beschriebenen methodischen Vorgehen wird nachfolgend das eigene Mobile Business Maturity Model entwickelt. Zunächst wird dazu ein Vergleich mit existierenden Modellen im Forschungsbereich vorgenommen.

4 Existierende Maturity Models für Digital- und Mobile Business

Wie im vorhergehenden Kapitel zum methodischen Vorgehen erklärt,[14] wird als zentraler Schritt zur Entwicklung eines eigenen Mobile Business Maturity Models eine Analyse von existierenden Modellen zu Digital- und Mobile Business vorgenommen. Diese folgt den Empfehlungen für rigorose Literaturauswertungen von Webster und Watson (2002, S. xv-xviii) und vom Brocke et al. (2009, S. 2209-2212) und orientiert sich von der Struktur her an der Studie zu Business Intelligence Maturity Models von Lahrmann et al. (2010, S. 5-10). Tabelle 3 beschreibt das Forschungsdesign in einer Übersicht:

Tabelle 3: Übersicht über die geplante Literaturauswertung

Gegenstand	Beschreibung
Umfang und Ziele	• Der Umfang wird auf Forschungsergebnisse in Form von Maturity Models zu Digital Business und/oder Mobile Business gelegt. • Ziel der Literaturrecherche ist es, existierende Digital- und Mobile Business Maturity Models zu dokumentieren und deren Charakteristika zu identifizieren.
Perspektive, Abdeckung und Zeitraum	• Aus der Perspektive einer neutralen Darstellung wird versucht eine möglichst vollständige Abdeckung des Themengebiets zu erzielen. • Da es sich bei Digital- und Mobile Business um ein Themenfeld handelt, das sich relativ rasant verändert und entwickelt, werden nur Ergebnisse der letzten acht Jahre (seit 2006) und bis Ende des zweiten Quartals 2014 berücksichtigt.
Konzeptualisierung und Suchbegriffe	• Die Konzeptualisierung der zentralen Begriffe *Digital Business*, *Mobile Business* und *Maturity Model* wurde bereits im Theorieteil dieser Arbeit vorgenommen (vgl. Kap. 2 Theoretische Grundlagen, S. 5) • Basierend auf den Definitionen und der erwähnten umfangreichen Abdeckung des Themengebiets soll folgender Suchbegriff für die Identifikation von Digital Business Maturity Models verwendet wer-

---

[14] Vgl. Kap. 3.2 Existierende Maturity Models, S. 22.

	den: *((("maturity" OR "capability" OR "assessment") AND "model") OR "reifegradmodell") AND ("digital business" OR "e-business" OR "digital enterprise" OR "digital transformation" OR "digital strategy" OR "digital business strategy" OR "digitization" OR "digitalisierung")* • Analog dazu werden für Mobile Business Maturity Models folgende Suchtermini benutzt: *((("maturity" OR „capability" OR „assessment") AND „model") OR „Reifegradmodell") AND ("mobile business" OR "mobile enterprise" OR "enterprise mobility" OR "mobile IT")*
Berücksichtigte Quellen	• Da analog der gefundenen Begriffsbestimmungen erwartet wird, viele Digital- und Mobile Business Maturity Models innerhalb von praxisorientierten Quellen zu finden, soll neben einer Datenbanksuche in relevanten wissenschaftlichen Datenbanken auch eine normale Google-Suche vorgenommen werden. • Für die wissenschaftliche Suche wurden die vier Datenbanken EBSCOhost, ProQuest, ScienceDirect und SpringerLink ausgewählt, da diese die wichtigsten Journals in Wirtschaftsinformatik (gemäss Senior Scholars' Basket of Journals der Association for Information Systems (AIS, 2011)) abdecken. Zudem wird mit Google Scholar eine breitere wissenschaftliche Literaturrecherche vorgenommen. • Überall sollen zumindest Titel und Abstracts für die Identifikation relevanter Quellen berücksichtigt werden.
Ergebnis	• Es wird erwartet, die zentralen Charakteristika der Maturity Models zu identifizieren, welche Grundlage für die Entwicklung eines eigenen Modells bilden sollen. • Dazu wird eine inhaltliche und eine methodische Analyse vorgenommen, wobei für erstere Konzept-Matrizen eingesetzt werden sollen (Webster & Watson, 2002, S. xvii-xviii), während dem sich die methodische Analyse an einer Klassifikation orientiert, welche auch von Lahrmann et al. (2010, S. 8-9) verwendet wurde.

Nachfolgend wird ein Überblick über die Ergebnisse der Literaturrecherche gegeben, bevor die Fundstücke in einer methodischen und einer inhaltlichen Analyse ausgewertet werden.

4.1 Ergebnisse der Literaturrecherche

Anhand der oben beschriebenen Suchkriterien, den berücksichtigten Quellen und des Zeitraums wurden insgesamt 20 Maturity Models identifiziert, wobei sich die überwiegende Mehrheit (15 MMs) mit Digital Business beschäftigt und lediglich fünf auf Mobile Business fokussieren. Nachfolgende Tabelle 4 enthält eine Übersicht der identifizierten Modelle, wobei diese zunächst nach Thematik (Digital Business oder Mobile Business) und dann historisch, resp. innerhalb des gleichen Jahres alphabetisch nach Autor organisiert sind.

Tabelle 4: Bestehende Maturity Models zu Digital- und Mobile Business

#	Modell / Autor	Thema	Beschreibung
1	**E-Business Capabilities Model** Hafeez, Keoy & Hanneman (2006, S. 810-811)	Digital	Beim E-Business Capabilities Model handelt es sich nicht um ein eigentliches Maturity Model, sondern vielmehr um eine Beschreibung der nötigen Fähigkeiten. Insofern nennt das Modell keine Maturity Levels, sieht aber die drei Dimensionen Business Strategy, E-Business Adoption und Supply Chain Management als relevante Bereiche an. Der Begriff des E-Business wird hauptsächlich auf E-Commerce reduziert, weshalb Supply Chain Management auch so zentral berücksichtigt wird. Anhand einer Umfrage unter knapp 150 britischen Unternehmen erfolgt eine Validierung der Zusammenhänge, ein eigentliches Beurteilungsinstrument existiert aber nicht.
2	**E-Business Information Systems Maturity Model** Zumpe & Ihme (2006, S. 5-7)	Digital	Dieses Maturity Model befasst sich spezifisch mit Informationssystemen in E-Business und basiert auf sechs Dimensionen, welche aus einer Literaturrecherche hergeleitet wurden: Automation, Standardisation, Transaction Support, Integration, Information Availability und User Acceptance. Eine fertig entwickeltes Maturity Model scheint nie veröffentlicht worden zu sein. Die publizierte Arbeitsversion des Modells umfasst keine Maturity Levels oder einen Bewertungsmechanismus und ist nicht evaluiert.
3	**Digital Maturity Matrix** **MIT Center for Digital Business & Capgemini Consulting** (Westerman et al., 2011, S. 58-62; Westerman et al., 2012, S. 3-4)	Digital	Basierend auf einer globalen Studie mit 157 Vertretern von 50 grossen Unternehmen zur digitalen Transformation wurde ein umfangreiches Digital Transformation Framework erstellt. Daraus abgeleitet wurde eine Digital Maturity Matrix, in welcher Unternehmen anhand der beiden Dimensionen Digital Intensity und Transformation Management Intensity in einer 2x2-Matrix positioniert werden. Diese unterscheidet zwischen den vier Typen Digital Beginners, Digital Fashionistas, Digital Conservatives und Digirati. Ein konkretes Beurteilungsinstrument existiert nicht, lediglich ein grober Leitfaden für eine Selbsteinschätzung wurde publiziert.

4	E-Business Maturity Model for SMEs Depaoli & Za (2013, S. 292-294)	Digital	Im diesem für KMU ausgelegten non-linearen Modell erfolgt eine Bewertung in den vier Levels Low, Medium, High und Complete, welche sich auf die Interaktionen von Unternehmen gegenüber Lieferanten, Kunden und Mitarbeitenden beziehen. Die Ausprägungen der Stufen in diesen drei Dimensionen sind nicht genauer spezifiziert. Ebenso fehlt zur Anwendung ein Beurteilungsinstrument.
5	Digital Business Index iDeers Consulting (2013, S. 6-10)	Digital	Das Modell soll „zur Erfassung der digitalen Reife und [als] strategischer Kompass zur Sicherung der Wettbewerbsfähigkeit" (S. 1) dienen. Betrachtet werden sechs Dimensionen, welche hauptsächlich auf die digitale Kommunikation und deren Anwendungen fokussieren. Da keine Levels existieren, sondern eine Auswertung nur in Form von Spinnendiagrammen bezüglich der sechs Dimensionen vorgenommen wird, ist der Index nur bedingt als Maturity Model einzuschätzen. Die Beurteilung erfolgt anhand qualitativ und quantitativ erhobener Daten durch iDeers Consulting.
6	Digital Workplace Maturity Model Digital Workplace Group (Marshall, 2013, S. 12-19)	Digital	Fokussierend auf die vier Dimensionen Communication & Information, Community & Collaboration, Services und Structure bewertet das Maturity Model die Reife des Digital Workplace jeweils in fünf Levels von Base bis Excel. Die einzelnen Ausprägungen sind relativ genau spezifiziert, ein eigentliches Bewertungsinstrument wird jedoch nicht genannt. Durch den Schwerpunkt auf die interne Kommunikation wird nur ein Teilbereich von Digital Business betrachtet.
7	E-Business-Reifegradmodell T-Systems Multimedia Solutions (Sonntag & Müller, 2013, S. 10-19)	Digital	Das Maturity Model von T-Systems setzt sich aus fünf Levels zusammen, welche die Bedeutung von E-Business im Unternehmen beschreiben und von Unterstützung über Effizienzsteigerung und Geschäftserweiterung bis zu Diversifikation und Innovation reichen. Zur Festlegung der Reife werden sechs Dimensionen betrachtet, wobei die Ausprägungen in den einzelnen Stufen nur bedingt transparent sind. Als Beurteilungsinstrument existiert ein Self Check mit 25 Fragen, der online ausgefüllt werden kann.

8	Digital Media Maturity Model Digital Transformation Group (Steimel & Baudis, 2013, S. 48-52)	Digital	Die Autoren erweiterten ein eigenes Social Media Maturity Model zu einem umfangreicheren Digital Media MM, welches sämtliche digitalen Aktivitäten eines Unternehmens in fünf Dimensionen erfassen soll: Website & E-Commerce, Mobile, Social Media, Digital Marketing und Digital Governance. Es werden keine Maturity Levels genannt und auch die Beurteilung wird nur grob beschrieben, erfolgt jedoch über unternehmensinterne Fragebögen und die Beachtung externer KPIs. Weitere Angaben sind nicht öffentlich abrufbar.
9	Digital Excellence Maturity Assessment DT Associates (2014)	Digital	Ausgelegt auf Unternehmen der Life Sciences-Branche, betrachtet dieses Bewertungsinstrument zwölf Dimensionen mit je zwei bis drei Unterdimensionen. In Form eines Spinnendiagramms nimmt das Model eine Einteilung in die vier Reifgrade Assess, Plan, Accelerate und Optimise vor und zeigt Unterschiede zwischen eigenem Stand und Branchendurchschnitt. Die Bewertung erfolgt durch Interviews mit Stakeholdern und Analysen bestehender Prozesse, wobei online auch eine Kurzversion als Selbstbeurteilung existiert.
10	Digital Transformation Assessment Forrester Research (Fenwick & Gill, 2014, S. 16-20)	Digital	Aus einer Studie mit knapp 1600 Führungskräften zu digitaler Transformation wurde ein Maturity Assessment mit den vier Levels Digital Dinosaur, Digital Connector, Digital Operator und Digital Master entwickelt. Die Bewertung erfolgt entlang der beiden Dimensionen Digital Customer Experience und Digital Operational Excellence und kann über eine Selbstbefragung mit zwölf Fragen gemacht werden.
11	Digital Readiness Jahn & Pfeiffer (2014, S. 81-89)	Digital	Basierend auf einer Studie zu deutschen Markenartikelunternehmen anhand von 25 Interviews und einer quantitativen Umfrage mit rund 220 Managern erkannten Jahn und Pfeiffer drei Stufen der Digital Readiness von Unternehmen. Ansonsten handelt es sich aber nicht um ein Maturity Model per se, da Dimensionen oder ein Bewertungsinstrument fehlen. Gleichzeitig entwickelten sie ein empirisch getestetes Modell mit vier Faktoren zu Digital Business, welche den Unternehmenserfolg erklären sollen.

12	UK Business Digital Index Lloyds Bank & Accenture (2014, S. 10-15)	Digital	Der SME Digital Maturity Index hat britische KMU und Wohltätigkeitsorganisationen im Fokus und analysiert deren digitale Entwicklung anhand von sieben Dimensionen, welche sich grösstenteils um einzelne digitale Aktivitäten beziehen und weniger auf die Strategie- oder Prozessebenen eingehen. Im Index erfolgt eine Einteilung in eine von sieben Levels, wobei deren Ausprägungen lediglich grob beschrieben sind. Eine erste Anwendung fand das Modell in einer Online-Umfrage unter knapp 2000 teilnehmenden KMU.
13	Digital Readiness Index neuland & WirtschaftsWoche (Land, 2014, S. 5-7)	Digital	Anhand von 150 (nicht näher spezifizierten) Kriterien in fünf Dimensionen erfolgt eine Einteilung in eines der fünf Levels Nachzügler, Entwickler, Talent, Experte und Innovator. Die betrachteten Dimensionen sind eher technologisch getrieben und können weitgehend aus einer Aussensicht bewertet werden. Für den Index 2014 wurden dazu 233 meist deutsche Unternehmen bewertet.
14	Digital Transformation Maturity Model neuland & Research Center for Digital Business an der Hochschule Reutlingen (2014)	Digital	Das Maturity Model wird für die Verleihung des deutschen Digital Transformation Awards der WirtschaftsWoche verwendet und umfasst die fünf Levels Unaware, Conceptual, Defined, Integrated und Transformed. Geprüft werden 32 Kriterien in den acht Dimensionen Strategy, Leadership, Product, Operations, Culture, People, Governance und Technology. Das Modell wird bisher lediglich zur Award-Verleihung eingesetzt, so dass die Ausprägungen der einzelnen Stufen nicht veröffentlicht sind.[15]
15	E-Business Monitor Index van der Sleen & Könings (2014)	Digital	Beim E-Business Monitor Index handelt es sich um eine geschlossene Online-Plattform, bei welcher sich Unternehmen durch Beantwortung eines Online-Fragebogens bewerten lassen können. Die Einteilung findet in den vier Levels Starter, Learner, Professional und Innovator statt und basiert auf den drei Dimensionen Readiness, Enablers (Unternehmenskultur) und Performance.

---

[15] Kurz vor Abgabe der vorliegenden Arbeit wurde von den Autoren des Digital Transformation Maturity Models eine Studie veröffentlicht, welche auch deren Reifegradmodell detaillierter vorstellt (vgl. Azhari et al., 2014). Deren Inhalte wurden in dieser Arbeit jedoch nicht mehr näher berücksichtigt, da nur Veröffentlichungen bis zum Ende des zweiten Quartals 2014 analysiert wurden (vgl. Tabelle 3: Übersicht über die geplante Literaturauswertung, S. 27).

16	Mobile Enterprise Transformation Basole & Rouse (2007, S. 481-486)	Mobile	Basole und Rouse erklären konzeptionell die „enterprise transformation through mobile ICT" (S. 482) in den vier Levels Mobilization, Enhancement, Reshapement und Redefinition. Diese werden über die Dimensionen Impact Level und Transformation Level ermittelt. Da keine Charakteristika pro Stufe genannt werden und kein Beurteilungsinstrument existiert, handelt es sich um kein eigentliches MM, sondern eher um eine theoriebasierte Beschreibung deren Erkenntnisse ohne empirische Fundierung gewonnen wurden.
17	Mobility Maturity Model for Life Sciences Companies Accenture (2011, S. 5-6)	Mobile	Das Maturity Model von Accenture konzentriert sich auf Unternehmen aus dem Life Sciences-Bereich und untersucht Mobile Business entlang der drei Dimensionen Enterprise, Marketing und Sales. Die Dimensionen werden auf den vier Reifegraden Basic, Emerging, Advanced und Sophisticated beschrieben. Es scheint kein Bewertungsinstrument zu existieren und es werden keine Angaben zum Entwicklungsprozess oder der Reliabilität gemacht.
18	Enterprise Mobility Maturity Model Paradkar et al. (2012, S. 8-9)	Mobile	Das Maturity Model von Paradkar et al. analysiert Mobile Business-Fähigkeiten anhand von neun Bereichen, welche in den drei Dimensionen Organisation, Infrastruktur und Business Applications gruppiert sind. Dabei wird zwischen den vier Maturity Levels Mobile Zero, Mobile Aware, Mobile Enabled und Mobile Enterprise unterschieden. Allerdings existiert kein Bewertungsinstrument und das Modell ist nur sehr knapp beschrieben.
19	Enterprise Mobility Benchmark Sogeti & Capgemini (2013; 2014)	Mobile	Anhand von 46 Fragen in den sechs Dimensionen Policies, Objectives, Scope, Technology, Management und Measurement nimmt das Benchmark Tool der Beratungsunternehmen Sogeti und Capgemini eine Beurteilung der Reife vor. Da allerdings keine Levels existieren, sondern eine Auswertung nur in Form von Spinnendiagrammen vorgenommen wird, ist das Tool nur bedingt als Maturity Model einzuschätzen. Die Beurteilung erfolgt anhand einer Selbstbefragung, welche als Tablet- und Mobile-App bereitsteht.

20	**Mobile Maturity Model** **Urban Airship** (2014, S. 2, 14)	Mobile	Das Mobile Maturity Model setzt sich aus den fünf Levels Reactive, Tactical, Adaptive, Strategic und Relationship zusammen und fokussiert auf „a brand's connection with its mobile audience" (S. 15) und Mobile Marketing. Über eine Online-Umfrage mit 13 Fragen aus sechs Dimensionen erfolgt eine Bewertung.

Von den 20 gefundenen Modellen wurden lediglich drei über die verwendeten wissenschaftlichen Datenbanken entdeckt. Zwei weitere Maturity Models wurden mit Hilfe von Google Scholar identifiziert und ein weiteres MM wurde mittels Rückwärtssuche auf Grund eines Treffers in einer wissenschaftlichen Datenbank gefunden. Rund zwei Drittel aller erkannten Maturity Models wurden über eine normale Google-Suche identifiziert, was den Eindruck erweckt, dass der Thematik in der Praxis grössere Aufmerksamkeit gewidmet wird.

Es bleibt anzumerken, dass mehrere der gefundenen Modelle nicht oder zumindest nur teilweise den wissenschaftlichen Anforderungen an ein Maturity Model[16] entsprechen, was die nachfolgende methodische Analyse nochmals detaillierter verdeutlichen wird. Da aber generell nur eine eingeschränkte Anzahl an MMs zum Forschungsgebiet gefunden wurde (und insbesondere zu Mobile Business), werden trotzdem alle 20 Fundstücke in der folgenden genaueren Analyse berücksichtigt. Diese wird zunächst mit einer methodischen Auswertung beginnen.

4.2 Methodische Analyse

Die methodische Analyse der identifizierten Maturity Models konzentriert sich auf *Herkunft*, *Architektur*, *Anwendung* und *Zuverlässigkeit* des Modells. Damit orientiert sich die Auswertung an einem Vorschlag zur Klassifizierung von Maturity Models nach Mettler et al. (2010, S. 335-339), der bereits mehrfach in Literaturrecherchen zu MMs unterschiedlicher Themen angewendet wurde (z.B. Lahrmann, 2010, S. 8-9; Marx, 2011, S. 15, 25-26) sind. Nachfolgen-

---

[16] Vgl. Kap. 2.4 Maturity Models, S. 12.

de Tabelle 5 gibt die Ergebnisse der methodischen Untersuchung in einer Übersicht wieder.

Tabelle 5: Methodische Analyse der gefundenen Maturity Models

#	Autor[17]	Thema	Herkunft		Architektur				Anwendung			Zuverlässigkeit	
			Wissenschaft	Praxis	Raster / Textbeschreibung	Fragebogen	Formale Architektur	Unklar	Selbstbeurteilung	Beurteilung durch Dritte	Zertifizierung	Evaluiert	Nicht spezifiziert
1	Hafeez (2006)	Digital	■					■	■			■	
2	Zumpe (2006)	Digital	■		■				■				■
3	Westerman (2011; 2012)	Digital	■	■	■				■			■	
4	Depaoli (2013)	Digital	■					■	■				■
5	iDeers Consulting (2013)	Digital		■	■					■			■
6	Marshall (2013)	Digital		■	■				■				■
7	Sonntag (2013)	Digital		■		■			■				■
8	Steimel (2013)	Digital		■		■				■			■
9	DT Associates (2014)	Digital		■		■				■			■
10	Fenwick (2014)	Digital		■		■			■				■
11	Jahn (2014)	Digital	■					■	■			■	
12	Lloyds Bank (2014)	Digital		■	■					■		■	
13	Land (2014)	Digital		■		■				■		■	
14	neuland (2014)	Digital		■	■					■			■
15	Van der Sleen (2014)	Digital		■				■	■				■
16	Basole (2007)	Mobile	■					■	■				■
17	Accenture (2011)	Mobile		■	■				■				■
18	Paradkar (2012)	Mobile		■	■				■				■
19	Sogeti (2013; 2014)	Mobile		■		■			■				■
20	Urban Airship (2014)	Mobile		■		■			■				■
		Σ	6	15	8	7	0	5	14	6	0	5	15

---

[17] Auf Grund des begrenzten Platzes wird auf eine vollständige Zitierung der Modelle in der Tabelle verzichtet und stattdessen nur der (erstgenannte) Autor und das Publikationsjahr angegeben. Für die vollständigen Zitierungen vgl. Kap. 4.1 Ergebnisse der Literaturrecherche, S. 28.

Von den analysierten Maturity Models sind lediglich fünf der wissenschaftlichen Forschung entsprungen, während die überwiegende Mehrheit von 14 Modellen der Praxis zuzuordnen ist. Modell Nr. 3 wurde beiden Kategorien zugerechnet, da sich das Autorenteam aus Akademikern und Beratern zusammensetzte und die Publikationen zumindest teilweise wissenschaftlichen Charakter aufweisen. Die Tatsache, dass über 70 Prozent der identifizierten Modelle einen praktischen Ursprung haben, zeigt eine deutliche wissenschaftliche Forschungslücke an einem Thema, das in der Praxis offenbar durchaus von Relevanz ist. Nicht zuletzt versucht auch die vorliegende Arbeit, diese Lücke zumindest für den Bereich Mobile Business zu schliessen.

In mehreren Fällen blieb die Architektur der Maturity Models unklar. Speziell Modelle mit Praxisherkunft sind oftmals nicht oder nur sehr knapp dokumentiert und die Gestaltung wird nur grob offengelegt. Nach Einschätzung des Autors wies kein einziges MM eine formale Architektur mit definierten Kriterien auf. Immerhin sieben Modelle verfügten über einen Bewertungsfragebogen. Die Bewertung erfolgt für 14 Maturity Models durch Selbstbeurteilung. Insbesondere für verschiedene MMs von Beratungshäusern ist eine Drittbeurteilung vorgesehen, wo diese wohl auch als Akquisitionsinstrumente eingesetzt werden. Bisher dient noch kein Modell einer Zertifizierung, was auch darauf hindeuten kann, dass das Themenfeld noch wenig Standardisierung erfahren hat und sich bisher kein Modell durchgesetzt hat (Marx, 2011, S. 26). Abschliessend bleibt anzumerken, dass lediglich fünf Maturity Models eine Form von Evaluierung aufweisen, etwa wenn das MM auf Basis empirischer Untersuchungen entwickelt wurde. Insbesondere wurde keines der untersuchten Mobile Business Maturity Models evaluiert.

Die Analyse hat gezeigt, dass bestehende Maturity Models zu Digital- oder Mobile Business auf einem eher schwachen methodischen Fundament aufbauen. Diese Erkenntnis wurde auch bereits in Literaturrecherchen zu MMs anderer Fachgebiete gewonnen (z.B. Lahrmann et al., 2010, S. 8-9; Marx, 2011, S. 25-26; Marx et al., 2012, S. 197-198; Raber, 2013, S. 21-23).

4.3 Inhaltliche Analyse

Um die identifizierten Maturity Models inhaltlich zu analysieren, werden die von den einzelnen Modellen verwendeten Dimensionen untersucht. Ziel ist es, zu erkennen, welche Aspekte und Themenbereiche von bestehenden MMs adressiert werden, um daraus die Relevanz einzelner Thematiken für die Entwicklung des eigenen Mobile Business Maturity Models zu erkennen.

Auf Grund der oben angeführten Übersicht aller gefundenen Maturity Models und insbesondere nach der vertieften methodischen Auswertung, wird nur eine Auswahl der identifizierten MMs zur inhaltlichen Analyse herangezogen. Wegen einer unklaren Architektur[18] werden die fünf Modelle Nr. 1, 4, 8, 11 sowie 16 von der Analyse ausgeklammert. Infolge anders gelagerter thematischer Schwerpunkte werden die zwei MMs Nr. 6 (Fokus auf Enterprise 2.0) und 20 (Fokus auf Mobile Marketing) ebenfalls nicht weiter betrachtet.

Die inhaltliche Analyse konzentriert sich entsprechend auf 13 verbleibende Maturity Models, wovon sich zehn auf Digital Business und drei auf Mobile Business beziehen. Die von diesen Modellen verwendeten Dimensionen wurden analysiert und den vier Ebenen der *St. Galler Business Engineering-Landkarte*[19] (Baumöl, 2007, S. 48) zugeordnet. Das Ergebnis ist in nachfolgender Tabelle 6 wiedergegeben. Darunter gibt Tabelle 7 eine Beschreibung der verwendeten Dimensionen für ein einheitlicheres Begriffsverständnis.

Bei der Untersuchung wurden Synonyme jeweils in eine Kategorie zusammengefasst. Als Beispiel sprechen gewisse MMs eine *Digital Strategy* an, während andere Modelle Bezug nehmen auf eine *Digital Vision*. Schlussendlich geht es nach Ansicht des Autors aber in beiden Fällen um einen ähnlichen Aspekt, nämlich der *thematischen Verankerung* im Unternehmen, welcher dann in der Analyse als gemeinsamer Überbegriff verwendet wurde. Weiter wurden auch, wie von Lahrmann et al. (2010, S. 7) empfohlen, Homonymen besondere

---

[18] Vgl. Kap. 4.1 Ergebnisse der Literaturrecherche, S. 28, sowie die entsprechenden Erklärungen in Tabelle 4 Bestehende Maturity Models zu Digital- und Mobile Business, S. 29.

[19] *Unternehmensstrategie, Geschäftsprozesse, Informations- und Kommunikationssysteme* sowie *Unternehmenskultur*, vgl. Kap. 2.5 Business Engineering als Bezugsrahmen, S. 15

Beachtung geschenkt. Damit sind Begriffe gemeint, die vermeintlich ähnliche Themenkreise ansprechen, die Autoren diese jedoch unterschiedlich verwenden (Lahrmann et al., 2010, S. 7).

Tabelle 6: Inhaltliche Analyse der gefundenen Maturity Models

Ebene	Dimension	Thema / Autor[20]	#	Zumpe (2006)	Westerman (2011)	iDeers Consulting (2013)	Sonntag (2013)	DT Associates (2014)	Fenwick (2014)	Lloyds Bank (2014)	Land (2014)	neuland (2014)	van der Sleen (2014)	Accenture (2011)	Paradkar (2012)	Sogeti (2013)	Σ
				2	3	5	7	9	10	12	13	14	15	17	18	19	
Strategie	Governance			■	■		■					■	■	■	■	■	8
	Strategische Verankerung				■	■	■					■	■		■	■	7
	Organisation				■		■	■				■		■		■	6
	Diversifikation / Innovation				■		■	■				■					4
	Ressourcen			■	■							■	■				4
	Performance				■			■	■			■				■	5
Prozesse	Kommunikation				■		■	■	■	■		■	■	■		■	9
	Automatisierungen			■	■	■		■	■	■					■		7
	Zusammenarbeit			■	■			■				■				■	5
	Durchgängigkeit			■				■						■			3
	Integrierte Leistungserbringung							■				■					2
Systeme	Solutions			■		■			■	■	■	■					6
	Integration				■			■		■	■	■					5
	Standardisierung			■											■	■	3
	Sicherheitsmechanismen							■							■	■	3
Kultur	Expertise				■		■			■	■					■	5
	Leadership				■					■	■						3
	Verständnis / Offenheit						■			■					■		3
	Benutzerakzeptanz			■											■		2
	Unterstützung						■										1
		Σ		5	11	4	5	7	7	6	2	13	9	5	6	11	6

[20] Auf Grund des begrenzten Platzes wird auf eine vollständige Zitierung der Modelle in der Tabelle verzichtet und stattdessen nur der (erstgenannte) Autor und das Publikationsjahr angegeben. Für die vollständigen Zitierungen vgl. Kap. 4.1 Ergebnisse der Literaturrecherche, S. 28.

Tabelle 7: Identifizierte Dimensionen aus der inhaltlichen Analyse

Ebene	Dimension	Beschreibung
Strategie	Governance	In welchem Umfang sind funktionsübergreifende Richtlinien und Steuerungsinstrumente zu digitalen und mobilen Standards sowie den nötigen Fähigkeiten ausgestaltet und wie ist deren Verbindlichkeit geregelt?
	Strategische Verankerung	Wo im Unternehmen sind die Themen Digital- und Mobile Business angesiedelt (z.B. auf Ebene Vision, Strategie, Abteilungsziele, ...) und in welchem Ausmass sind entsprechende Ziele und Vorgaben im Unternehmen bekannt und werden von den Involvierten verstanden? Wie oft werden solche Dokumente überprüft und angepasst und welchen Umfang haben sie?
	Organisation	Wo in der Unternehmensstruktur und -organisation sind Digital- und Mobile Business positioniert? Wie erfolgt die Koordination? Inwiefern werden Verantwortlichkeiten für abgeschlossene Projekte und Initiativen an die folgerichtig zuständige Abteilung übergeben?
	Diversifikation / Innovation	Inwiefern werden durch digitale und mobile Technologien Leistungsangebote erweitert, neue Geschäftsmodelle umgesetzt oder neue Zielgruppen erschlossen?
	Ressourcen	Inwiefern werden die für die digitale und mobile Transformation notwendigen Ressourcen sowohl bezüglich Umfang als auch Qualität bereitgestellt?
	Performance	In welchem Ausmass werden Ziele, Erwartungen und Ergebnisse digitaler und mobiler Initiativen definiert und die Fortschritte und Leistungen der dafür zuständigen Personen und/oder Abteilungen gemessen sowie für deren Ergebnisse verantwortlich gemacht?
Prozesse	Kommunikation	In welchem Ausmass findet die Interaktion mit Kunden, Lieferanten und anderen Anspruchsgruppen über digitale und mobile Kanäle statt und welche Bedeutung haben diese gegenüber traditionellen, analogen Kanälen? Werden die angebotenen Kanäle und deren Ausgestaltung zu jenen von Mitbewerbern verglichen?
	Automatisierungen	In welchem Ausmass werden (Kern-)Prozesse durch mobile und digitale Technologien unterstützt und dadurch teilweise oder komplett automatisiert?
	Zusammenarbeit	In welchem Ausmass werden digitale und mobile Kanäle in der internen und externen Zusammenarbeit eingesetzt?

	Durchgängigkeit	In welchem Ausmass sind Lieferanten und Kunden, aber auch unterschiedliche Abteilungen eines Unternehmens digital und mobil integriert (end-to-end)? Inwiefern existieren digitale Verbindungen zwischen einzelnen Organisationen, Menschen, Prozessen, Informationen und Tools?
	Integrierte Leistungserbringung	Inwiefern werden Kunden und / oder Lieferanten mittels digitaler und mobiler Technologien in die Leistungserstellung eingebunden?
Systeme	Solutions	Welche Instrumente und Lösungen des Digital Business stehen im Unternehmen zur Verfügung (z.B. Webseite, E-Commerce, Mobile, Social Media, Digital Marketing, ...)?
	Integration	Wie stark sind Instrumente von Digital- und Mobile Business in die bestehende IT-Infrastruktur integriert und auch untereinander verknüpft (keine Silolösungen)?
	Standardisierung	In welchem Ausmass werden von Unternehmen technische und wirtschaftliche Standards zur Abwicklung von Digital- und Mobile Business eingesetzt oder auch selber gesetzt? Gibt es ein Device Management?
	Sicherheitsmechanismen	Wie werden die digitalen und mobilen Lösungen und die verwendeten Daten geschützt? Inwiefern existieren Sicherheitskonzepte und entsprechende -mechanismen?
Kultur	Expertise	In welchem Ausmass sind Know-how und Fähigkeiten zu Mobile- und Digital Business vorhanden? Inwiefern haben beteiligte Personen und Teams auch betriebswirtschaftliches Verständnis und Projektmanagement-Fähigkeiten? Wie weit ist permanentes Lernen institutionalisiert?
	Leadership	Welche Rolle nimmt die Unternehmensführung in der Umsetzung von Digital- und Mobile Business ein und inwiefern existiert dazu ein Top-Management Commitment?
	Verständnis / Offenheit	In welchem Ausmass gibt es einen Konsens im Unternehmen über den Wert von und den Bedarf für Digital- und Mobile Business? Wie offen und transparent wird intern und extern darüber kommuniziert?
	Benutzerakzeptanz	Inwiefern entsprechen digitale und mobile Systeme den Bedürfnissen der Anwender und deren spezieller Aufgaben? Wie weit sind die Lösungen benutzerfreundlich?
	Unterstützung	In welchem Ausmass werden Digital- und Mobile Business-Initiativen von anderen Abteilungen und Teams des Unternehmens, wie Marketing, Kommunikation oder IT, aktiv unterstützt? Wie weit sind diese Abteilungen an die Anforderungen von Digital- und Mobile Business angepasst?

Die analysierten Maturity Models weisen unterschiedliche Schwerpunkte und Umfänge auf. Generell kann festgestellt werden, dass Themen der *Strategie-* und *Prozess-Ebene* von den meisten Modellen adressiert werden, während Aspekte der *Unternehmenskultur* und verwandter Bereiche häufig keine oder kaum Beachtung gefunden haben. Die Ebene der *Informations- und Kommunikationssysteme* scheint auf den ersten Blick ebenfalls weniger intensiv von den MMs berücksichtigt zu werden. Dieser Eindruck ist jedoch dahingehend zu relativieren, dass dort vom Autor mit der Dimension *Solutions* ein sehr weites Thema in einer Kategorie zusammengefasst wurde. Damit gemeint sind Instrumente und Lösungen des Digital Business, welche auch in weitere Unterkategorien, wie Webseite, E-Commerce, Social Media etc. aufgeschlüsselt werden könnten. Der Übersichtlichkeit halber wurde in der inhaltlichen Analyse allerdings darauf verzichtet, eine weitere Unterteilung möglicher Solutions vorzunehmen. Überraschend scheint, dass lediglich drei Modelle das Thema *Sicherheitsmechanismen* anspricht, obwohl dieses sowohl im Digital- als auch im Mobile Business erhebliche Relevanz aufweist und in der Informatik generell als eine sehr wichtige und zentrale Angelegenheit gilt.

Abschliessend soll angemerkt werden, dass die Maturity Models Nr. 3, 14 und 19 die meisten Aspekte integrieren. Trotz ihrer Breite sind sie allerdings nur bedingt nutzbar, da zwei davon (Nr. 3 und 14) eher auf einer qualitativ-abstrakten Ebene bleiben und interessierten Anwendern keine wirklichen Hilfsmittel zur Selbstbeurteilung bieten, während das dritte Modell (Nr. 19) keine eigentlichen Reifegrade kennt und Entwicklungspfade so eher unklar bleiben.[21]

---

[21] Vgl. Kap. 4.2 Methodische Analyse, S. 34.

5 Entwicklung des Mobile Business Maturity Models

Aufbauend auf der durchgeführten Literaturauswertung zu Maturity Models für Digital- und Mobile Business und den gewonnenen Einblicken bezüglich deren Methodik und Inhalt, wird nachfolgend ein eigenes Mobile Business Maturity Model konstruiert. Zunächst wird die Entwicklungsstrategie vorgestellt, bevor die Struktur des eigenen Modells erläutert und schliesslich das auf der Literatur basierende MM in einer Übersicht gezeigt wird.

5.1 Entwicklungsstrategie

Der Vergleich der gewonnenen Erkenntnisse zu bestehenden Maturity Models[22] mit der eigenen Problemdefinition[23] deutet auf eine Entwicklungsstrategie hin, welche die *verschiedenen existierenden Modelle zu einem neuen MM kombiniert*. Entsprechend sollen die 13 ausgewählten Modelle nachfolgend als Basis für die Herleitung von Gestaltungsdimensionen bei der Entwicklung des eigenen Mobile Business Maturity Models herangezogen werden.

Lediglich drei dieser 13 Modelle adressieren allerdings explizit den Themenbereich Mobile Business. Den Besonderheiten dieses Fachgebiets und den Unterschieden gegenüber Digital Business soll daher Rechnung getragen werden, indem weitere Literatur zu Mobile Business für die Konstruktion des eigenen Modells verwendet wird. Insbesondere soll das Werk von *Sammer, Back* und *Walter* (2014) als zusätzliche Quelle herangezogen werden, da es einerseits den Anspruch erhebt, den derzeitigen Stand von Forschung und Praxis wiederzu-

---

[22] Vgl. Kap. 4 Existierende Maturity Models für Digital- und Mobile Business, S. 27.
[23] Vgl. Kap. 3.1 Problemidentifikation, S. 21.

geben (Sammer et al., 2014, S. 18-19),[24] und andererseits bereits entlang der vier Ebenen der *St. Galler Business Engineering-Landkarte* (Baumöl, 2007, S. 48) strukturiert ist. In der vorliegenden Arbeit entspricht dieses Gerüst den grundliegenden Ebenen des zu entwickelnden Maturity Models.[25]

5.2 Struktur des Maturity Models

Im Folgenden sollen die benutzten Elemente zur Konstruktion des Maturity Models erläutert werden. Zusätzlich zu den bereits in den theoretischen Grundlagen beschriebenen Bestandteilen solcher Modelle[26] werden für das vorliegende Forschungsinteresse einige weitere strukturelle Komponenten verwendet. Die Faktoren werden in nachfolgender Tabelle 8 erklärt und definiert. Die Begriffe lehnen sich dabei an Bezeichnungen an, welche auch in der Konstruktion anderer Modelle verwendet wurden (z.B. Mettler, 2010; Marx, 2011; Ofner, 2013; Raber, 2013) und folgen insbesondere den Definitionen von Mettler (2010, S. 122-123).

Tabelle 8: Bestandteile des Maturity Models

Element	Beschreibung
Gestaltungsebene *Design domain*	Zur Strukturierung des Maturity Models und des betrachteten Gestaltungsbereichs werden *Gestaltungsebenen* verwendet. Diese sollen alle Anforderungen zu einem Thema zusammenfassen. Eine Gestaltungsebene umfasst ein oder mehrere Gestaltungsdimensionen. (Mettler, 2010, S. 122-123)
Gestaltungsdimension *Design dimension*	Ähnlich den Gestaltungsebenen helfen *Gestaltungsdimensionen*, thematisch zusammengehörende Aspekte zu strukturieren (Mettler, 2010, S. 122). Im vorliegenden Modell unterteilen diese die Gestaltungsebenen weiter. Eine Gestaltungsdimension besteht aus einem oder mehreren Gestaltungsobjekten.

---

[24] Datengrundlage des Werks bilden 20 Fallstudien-Interviews mit Unternehmensvertretern sowie eine online durchgeführte Befragung mit knapp 300 Antworten (Sammer et al., 2014, S. 18-19).
[25] Vgl. Kap. 2.5 Business Engineering als Bezugsrahmen, S. 15 sowie Kap. 3.1 Problemidentifikation, S. 21.
[26] Vgl. Kap. 2.4 Maturity Models, S. 12

Gestaltungsobjekt *Design object*	*Gestaltungsobjekte* bilden die Grundlage für die Bewertung der Reife. Ein oder mehrere solcher Objekte stellen die Kriterien zur Beurteilung der Reife innerhalb einer Gestaltungsdimension dar (Mettler, 2010, S. 122-123). Pro Reifegrad haben die Gestaltungsobjekte unterschiedliche Ausprägungen.
Reifegrad *Maturity level*	Ein *Reifegrad* fasst eine Anzahl von Ausprägungen von Gestaltungsobjekten zusammen, welche kumulativ erfüllt werden müssen, um auf die nächste Reifestufe zu gelangen (Mettler, 2010, S. 123).

Unter Verwendung dieser Begriffe wird nachfolgend ein Mobile Business Maturity Model konstruiert, dessen Inhalte literaturgetrieben sind.

5.3 Auf der Literatur basierendes Maturity Model

Wie in der Entwicklungsstrategie erklärt, wird nachstehend anhand der gemachten inhaltlichen Analyse von 13 existierenden Maturity Models zu Digital- und Mobile Business sowie ergänzt um Erkenntnissen aus Studien und wissenschaftlicher Literatur, eine erste Version des Mobile Business Maturity Models konstruiert. In einer ersten Iteration wurde dafür zunächst das Grundgerüst des Modells mit Reifegraden und Gestaltungsebenen entwickelt. Danach wurden die Gestaltungsdimensionen bestimmt, bevor die Gestaltungsobjekte festgelegt und deren Ausprägungen in den einzelnen Reifegraden bestimmt wurden. Nachfolgende Tabelle 9 stellt das anhand der Literatur entwickelte Modell vor dessen Evaluation dar. Dessen Elemente werden danach kurz erläutert und besprochen.[27]

---

[27] Eine ausführliche Erklärung der Modellinhalte und der einzelnen Gestaltungsdimensionen erfolgt in Kap. 7, S. 61, am finalen Maturity Model, welches durch Experteninterviews evaluiert wurde.

Tabelle 9: Mobile Business Maturity Model vor der Evaluation

Ebene	Reifegrad / Dimension	1 Laggard	2 Late Majority	3 Early Majority	4 Early Adopter	5 Innovator
Strategie	Bedeutung	Keine strategische Bedeutung, evtl. einzelne Insellösungen	Bedeutung in IT oder Marketing erkannt, keine übergeordnete Mobile Strategie	Relevanz erkannt, in der IT-Strategie wird Mobile zumindest technisch thematisiert	Mobile Business Strategie zu Technologie und organisatorischen Aspekten vorhanden	Mobile Business Strategie mit Verständnis von Mobile als wichtigem Differenzierungsfaktor
	Organisation	Einzelinitiativen ohne organisatorische Verankerung	In sich geschlossene Projekte zur Entwicklung von Solutions	Lose unternehmensweite Organisation von Mobile Business	Mobile Business als Rolle oder Stelle strategisch aufgehängt	Eigentliche Mobile-Abteilung mit umfassenden Ressourcen
	Performance Management	Weder Zieldefinition noch Leistungsmessung	Qualitative Nutzenbegründung, simple Zielmessung	Qualitative und quantitative Zielsetzung, Performance-Messung	Umfassende Nutzenbegründung mit Performance- und App Store-Monitoring	Umfassende Nutzenbegründung und umfangreiches Monitoring mit Benchmarking
Prozesse	Nutzungsumfang	Vor allem extern ausgerichtete Marketinginstrumente	Extern ausgerichtete Solutions für Marketing, Vertrieb und Kommunikation	Extern ausgerichtete Solutions und intern einige mobile Unterstützungsprozesse	Extern und intern mobile Unterstützungsprozesse sowie erste mobile Kernprozesse	Umfangreiche Nutzung von Mobile Business Solutions in gesamter Wertkette
	Prozessveränderung	Kein neuer Prozess, lediglich zusätzlicher Kanal	1:1 Prozessabbildung mit mobilen Erweiterungen	Mobile Erweiterungen für Automatisierungen in der Abwicklung	Prozesstransformation mit Nutzung spezifischer Mobilfunktionen	Prozesstransformation mit Fokussierung auf die mobilen Prozesse
	Durchgängigkeit	In sich geschlossene Insellösungen für Einzelaktivitäten	Einfache prozess- und abteilungsübergreifende Solutions	Prozessausführung von Mitarbeitenden durch Mobile Business Solutions	Teilweise mobiler Einbezug von Kunden in die Leistungserstellung und -erbringung	Unternehmensweite mobile Prozesse über Abteilungen hinweg (end-to-end)

Ebene	Reifegrad / Dimension	1 Laggard	2 Late Majority	3 Early Majority	4 Early Adopter	5 Innovator
Systeme	Integration	Insellösungen mit geringer Integration in bestehende IT-Systeme	Insellösungen mit einheitlicher Gestaltung, aber wenig Verknüpfung	Wahrnehmbare Integration von Mobile Business Solutions	Weitgehende Integration unterschiedlicher Solutions mit Datenkonsistenz	Umfassende Integration mit Beachtung von Drittanwendungen
	Sicherheitsmechanismen	Keine Anforderungen an Datensicherheit, kein Sicherheitskonzept	Grundlegende Sicherheitsmechanismen durch geschützte Datenübertragungen	Zusätzlich Verwendung von Secure Containern bei internen Solutions	Kombination von Secure Container und Mobile Device Management Software	Kombinationslösung mit regelmässigen Security Tests
	Standardisierung	Geringe Standardisierungsvorgaben	Starre Normen mit Verbot von BYOD	Feste Standardisierung mit Duldung von BYOD	Anwenderfreundliche Standardisierung	Anwenderfreundliche Standardisierung mit Förderung von BYOD
Kultur	Kompetenzen	Kaum Wissen und weitgehende Abhängigkeit von externen Partnern	Basiswissen existiert, interne IT mit Hosting-Kompetenzen	Konzeptionelle Fähigkeiten und Projektmanagement-Kompetenz	Konzeptionelle und fachlich-technische Fähigkeiten	Umfassende Kompetenzen über weitgehend alle Aspekte von Mobile Business
	Wissensvermittlung	Kaum institutionalisiertes Lernen und keine breite Wissensförderung	Kaum Weiterbildung, aber Kommunikation entwickelter Mobile Business Solutions	Kommunikation existierender Solutions und technische Wissensförderung	Technisches und konzeptionelles Lernen sowie Self Service-Support und Trainings	Umfassend institutionalisiertes Lernen mit breiter Wissensförderung und Support
	Entwicklungsoffenheit	Kaum Integration von Anwendern in Entwicklung oder Erweiterung	Berücksichtigung von Kundenfeedback in der Weiterentwicklung	Lead User-Einbindung in Entwicklung und Optimierung, etablierte Feedbackkanäle	User Centered Design-Vorgehen mit Integration on von Kunden und Mitarbeitenden	Internes Crowdsourcing zusätzlich zu User Centered Design und Feedbackberücksichtigung

Als grundlegende *Gestaltungsebenen* des Mobile Business Maturity Models werden, wie bereits erwähnt,[28] die vier Ebenen der *St. Galler Business Engineering-Landkarte* (Baumöl, 2007, S. 48) herangezogen. Somit bilden *Unternehmensstrategie*, *Geschäftsprozesse*, *Informations- und Kommunikationssysteme* sowie *Unternehmenskultur* das grobe Gerüst des Modells.

Typischerweise umfassen MMs drei bis sechs *Reifegrade* (Mettler, 2010, S. 43). Aufbauend auf den Arbeiten von Rogers (2003, S. 272-286) zur *Technologie- und Innovationsdiffusion* sollen dessen fünf Kategorien von Innovationsfreudigkeit den Reifegraden des Modells entsprechen. Einen Zusammenhang zwischen der Reife einer Innovation und deren Diffusion ergründete bereits Mettler (2009, S. 5), wie nachfolgende Abbildung 5 verdeutlicht.[29] Die fünf Typen *Innovators*, *Early Adopters*, *Early Majority*, *Late Majority* und *Laggards* wurden auch bereits verschiedentlich als Levels in anderen Maturity Models verwendet (in anderen Fachbereichen z.B. Friedel & Back, 2012, S. 5-6 oder Back & Haager, 2011, S. 326; im untersuchten Themengebiet in leicht abgewandelter Form z.B. Land, 2014, S. 8-9 oder van der Sleen & Könings, 2014).

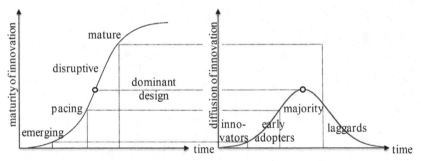

Abbildung 5: Zusammenhang zwischen Innovationsreife und -diffusion
(Quelle: Mettler, 2009, S. 5)

---

[28] Vgl. Kap. 3.1 Problemidentifikation, S. 21 sowie Kap. 2.5 Business Engineering als Bezugsrahmen, S. 15.
[29] Mettler (2009, S. 5) hat allerdings die beiden Typen *Early Majority* und *Late Majority* zur Vereinfachung der Grafik als *Majority* zusammengefasst und unterscheidet somit nur vier Stufen.

Die *St. Galler Business Engineering-Landkarte* (Baumöl, 2007, S. 48) sieht den Ausgangspunkt von Transformationsprojekten in der Strategie, aus welcher sich dann die weiteren Ebenen der Prozesse und schliesslich jene der Systeme ableiten, während die kulturelle Ebene Einfluss auf alle drei Stufen hat (Österle et al., 2011, S. 14-16, 19). In der folgenden Tabelle 10 werden die einzelnen Ausprägungen des Mobile Business Maturity Models in Form von Gestaltungsdimensionen in diesen vier Ebenen erklärt. Die Dimensionen sind durch Gestaltungsobjekte definiert, welche Kriterien darstellen, die in den einzelnen Reifegraden unterschiedliche Anforderungen aufweisen. Wie von der Theorie zur Konstruktion von Maturity Models empfohlen (z.B. Raber, 2013, S. 12-13), wurde darauf geachtet, dass die einzelnen Gestaltungsdimensionen weitgehend überschneidungsfrei und möglichst trennscharf sind.

Tabelle 10: Dimensionen und -objekte vor der Evaluation des Modells

Ebene	Dimension	Beschreibung	Objekte
Strategie	Bedeutung	Welche Bedeutung hat Mobile Business im Unternehmen? Inwiefern wird das Thema als strategisch relevant eingestuft?	• Stellenwert • Investitionen • Dokumentation
	Organisation	Wie ist das Thema Mobile Business im Unternehmen organisatorisch positioniert? Wie werden entsprechende Initiativen koordiniert?	• Verankerung • Koordination • Verantwortlichkeiten
	Performance Management	Wie werden Ziele von Mobile Business Solutions festgelegt und deren Nutzen begründet? Wie wird deren Nutzung und Effizienz gemessen?	• Ziele • Monitoring
Prozesse	Nutzungs-umfang	Wo in der Wertkette eines Unternehmens kommt Mobile Business zum Einsatz? Welche Prozesse wurden bereits mobilisiert?	• Kundengerichtete Primäraktivitäten • Unterstützungsaktivitäten • Produktionsgerichtete Primäraktivitäten
	Prozess-veränderung	Inwiefern wurden durch Mobile Business Solutions neue Prozesse im Unternehmen ermöglicht? Stellen die Solutions lediglich neue Kanäle dar oder wurden dadurch Prozesse verändert?	• Modifikation • Mobile Funktionen

	Durch-gängigkeit	In welchem Ausmass schliessen Mobile Business Solutions mehrere Geschäftsprozesse „end-to-end" mit ein? Dienen die Solutions nur der Informationsbereitstellung oder können damit auch Prozesse ausgeführt und gesteuert werden?	• Einbezug • Informationsfluss
Systeme	**Integration**	Wie stark sind Mobile Business Solutions in die bestehende IT-Infrastruktur integriert? Sind diese auch untereinander verknüpft, damit keine Silolösungen entstehen?	• Oberfläche • Login • Datenspeicherung
	Sicherheits-mechanismen	Wie werden mobile Lösungen und die verwendeten Daten geschützt? Inwiefern existieren Sicherheitskonzepte und -mechanismen?	• Sicherheitskonzept • Externe Umsetzung • Interne Umsetzung
	Standardi-sierung	Inwiefern existieren Vorgaben im Unternehmen zu Entwicklung und dem Einsatz bestimmter Plattformen und Geräte? Wie wird mit dem Thema „Bring your own Device" (BYOD) umgegangen?	• Plattformen • Geräte • BYOD
Kultur	**Kompetenzen**	In welchem Ausmass sind Know-how und Fähigkeiten zu Mobile Business vorhanden? Inwiefern haben beteiligte Personen und Teams auch betriebswirtschaftliches Verständnis und Projektmanagement-Fähigkeiten?	• Technische Kompetenzen • Konzeptionelle Fähigkeiten
	Wissens-vermittlung	Wie weit ist permanentes Lernen zu Mobile Business in den Fachabteilungen, aber auch im weiteren Unternehmen institutionalisiert? Wie stark werden Mobile Business Solutions kommuniziert und beworben?	• Fachabteilungen • Kommunikation • Anwender
	Entwicklungs-offenheit	Inwiefern werden interne oder externe Anwender in die Entwicklung von Mobile Business Solutions einbezogen? Wie können Nutzer Feedback an Solutions anbringen und wie wird dieses berücksichtigt?	• Entwicklung • Externes Feedback • Internes Feedback

Anhand der Gestaltungsobjekte wurden die zwölf Gestaltungsdimensionen in den einzelnen Reifegraden detailliert definiert. Es wird jedoch darauf verzichtet, diese hier ausführlich darzustellen. Stattdessen wird nach der Evaluation des Modells dessen finale Version vorgestellt.[30] Dort werden dann auch die einzelnen Gestaltungsdimensionen und ihre Ausprägungen in den einzelnen Reifegraden genauer beschrieben.

---

[30] Vgl. Kap. 7 Das Mobile Business Maturity Model, S. 61.

6 Evaluation des entwickelten Mobile Business Maturity Models

Das anhand bestehender Literatur entwickelte Mobile Business Maturity Model wird im folgenden Kapitel durch Interviews mit Experten evaluiert. Dazu werden zunächst die Untersuchungsziele und Interviewpartner kurz vorgestellt, bevor die gewonnen Erkenntnisse aus den Gesprächen geschildert und Implikationen für das konstruierte Modell abgeleitet werden.

6.1 Untersuchungsziele und Interviewpartner

Ziel der Untersuchung ist es, das auf Basis existierender Maturity Models und weiterer theoretischer Literatur entwickelte Mobile Business Maturity Model anhand von qualitativen Interviews mit Praxisvertretern zu evaluieren. Abbildung 6 verdeutlicht die Untersuchungsziele etwas detaillierter in einer Übersicht, bevor sie danach einzeln kurz beschrieben werden.

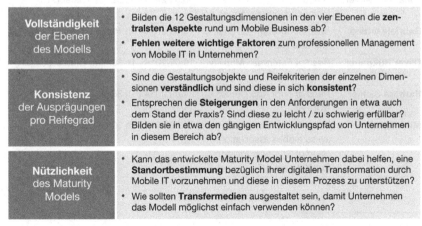

Vollständigkeit der Ebenen des Modells	• Bilden die 12 Gestaltungsdimensionen in den vier Ebenen die **zentralsten Aspekte** rund um Mobile Business ab? • **Fehlen weitere wichtige Faktoren** zum professionellen Management von Mobile IT in Unternehmen?
Konsistenz der Ausprägungen pro Reifegrad	• Sind die Gestaltungsobjekte und Reifekriterien der einzelnen Dimensionen **verständlich** und sind diese in sich **konsistent**? • Entsprechen die **Steigerungen** in den Anforderungen in etwa auch dem Stand der Praxis? Sind diese zu leicht / zu schwierig erfüllbar? Bilden sie in etwa den gängigen Entwicklungspfad von Unternehmen in diesem Bereich ab?
Nützlichkeit des Maturity Models	• Kann das entwickelte Maturity Model Unternehmen dabei helfen, eine **Standortbestimmung** bezüglich ihrer digitalen Transformation durch Mobile IT vorzunehmen und diese in diesem Prozess zu unterstützen? • Wie sollten **Transfermedien** ausgestaltet sein, damit Unternehmen das Modell möglichst einfach verwenden können?

Abbildung 6: Ziele der Untersuchung zur Evaluation des Maturity Models

Durch die Evaluation soll eine praktische Reflexion des Modells erreicht werden, bei welcher die *Vollständigkeit der Gestaltungsdimensionen* sowie die *Konsistenz der Ausprägungen pro Reifegrad* geprüft werden. Zudem soll auch untersucht werden, inwiefern eine *Nützlichkeit das Maturity Models* für die Praxis gegeben ist.

Um den Untersuchungszielen gerecht zu werden, werden Experten auf dem Gebiet von Mobile Business interviewt, wobei sich der Expertenstatus dadurch begründen soll, dass sich eine Person bereits seit mehreren Jahren praktisch im Rahmen der beruflichen Tätigkeit mit Themen von Mobile- und / oder Digital Business auseinandersetzt. Die angefragten Interviewpartner setzen sich aus den Kontakten des Autors dieser Arbeit sowie aus dem Netzwerk des betreuenden Lehrstuhls, dem Lehrstuhl Prof. Dr. Andrea Back am Institut für Wirtschaftsinformatik der Universität St. Gallen (HSG), zusammen. Erfreulicherweise erklärten sich alle sechs angefragten Experten zu einem Interview bereit, wie Tabelle 11 zeigt.

Tabelle 11: Befragte Experten zur Evaluation des Maturity Models

Experte	Funktion	Datum	Dauer	Ort
Bramwell Kaltenrieder	*Managing Partner,* Crosswalk AG	12.09.2014	0h 45min	Zürich
Jonathan Möller[31]	*Gründer,* foryouandyourcustomers AG	10.09.2014	1h 30min	Uster (ZH)
Gabriele Ottino	*Head of Strategy – Digital,* Tamedia AG	16.09.2014	0h 45min	Zürich
Oliver Rükgauer	*Head of Enterprise Mobility,* Ontrex AG	16.09.2014	1h 30min	Brüttisellen (ZH)
Barbara Sichler	*Head of Audi App Center,* AUDI AG	24.09.2014	1h 30min	Telefon, Ingolstadt (D)
Mike Weber	*Vizepräsident,* smama – the swiss mobile association; *Head of Strategic Projects,* PubliGroupe AG	15.09.2014	1h 30min	Zürich

---

[31] Offenlegung: Der Autor dieser Arbeit ist seit Oktober 2014 bei foryouandyourcustomers AG angestellt. Der entsprechende Arbeitsvertrag war bereits zum Zeitpunkt der Expertenauswahl unterschrieben.

Bei der Auswahl der Experten wurde versucht, sowohl Vertreter von Grossunternehmen, bei denen Mobile Business eingesetzt wird, als auch Exponenten aus Beratungsunternehmen, welche Unternehmen bei der digitalen Transformation durch Mobile IT begleiten, zu berücksichtigen. Die gewünschten Daten wurden durch persönliche Gespräche mit den sechs Experten erhoben, wobei die Interviews als semi-strukturierte Leitfadengespräche mit offenen Fragen aufgebaut waren.[32] So sollten einerseits konsistente Interviewdaten ermöglicht werden, damit die einzelnen Gespräche weitgehend miteinander vergleichbar sind und Interpretationen daraus gezogen werden können, während andererseits auch zu einem gewissen Grad flexibel auf die Antworten der Experten eigegangen werden konnte, um situativ gewisse Themen vertieft zu behandeln. Den Interviewpartnern wurde vorgängig eine kurze Dokumentation des entwickelten Modells sowie Informationen zu Art und Inhalt des Gesprächs zugeschickt, damit sich diese darauf vorbereiten konnten. Die einzelnen Gespräche wurden mit einer Ausnahme persönlich am Arbeitsort der Experten durchgeführt und dauerten meist rund 60 bis 90 Minuten. Einzig ein Interview musste wegen der geografischen Entfernung der Expertin telefonisch erfolgen. Die Interviews erfolgten je nach Präferenz des Experten in Mundart oder Hochdeutsch, wurden jeweils aufgezeichnet und danach stichwortartig transkribiert und, wo nötig, übersetzt.

6.2 Kritische Betrachtung der Evaluation

Die vorliegende Evaluation stösst in verschiedener Hinsicht an gewisse Grenzen. Um sich diesen bei der weiteren Ausarbeitung des Maturity Models und der Auseinandersetzung mit der Arbeit bewusst zu sein, werden diese Einschränkungen nachfolgend kurz diskutiert.

Durch den beschränkten Umfang dieser Master-Arbeit und das qualitative Vorgehen der Evaluation, kann nur eine *exemplarische Untersuchung der Praxis* vorgenommen werden. Somit basiert diese auf der Meinung von Einzelpersonen und bietet keine vollständige oder repräsentative Bewertung des entwi-

---

[32] Vgl. Anhang B: Interviewleitfaden, S. 84.

ckelten Maturity Models. Die Auseinandersetzung mit den sechs Experten soll vielmehr Tendenzen, Erfahrungen und Einschätzungen zum Modell wiedergeben, das vollständig aus der Literatur entwickelt wurde. Ein weiterer Vorbehalt ist auf Grund der *Zusammensetzung der Experten* zu machen: Diese wurden alle aus dem Umfeld des Autors und des betreuenden Lehrstuhls rekrutiert, womit die Gefahr besteht, dass deren Einstellung und Interesse zu Mobile Business von jener der Grundgesamtheit abweicht. Bei der Auswahl der Interviewpartner wurde jedoch versucht, Experten mit unterschiedlichen Perspektiven auf das Thema zu finden, um eine möglichst breite Meinungsbasis zu erhalten. Ferner soll darauf hingewiesen werden, dass die Mehrheit der Experten in der deutschsprachigen Schweiz lebt und arbeitet. Insofern kann nicht beurteilt werden, inwiefern die gemachten Aussagen auch auf andere Länder und Sprachräume zutreffen würden. Eine abschliessende Einschränkung ist schliesslich auch noch bezüglich Geschlecht zu machen: Mit einer Ausnahme waren alle befragten Experten männlich. Der Autor dieser Arbeit erachtet diesen Umstand jedoch bezogen auf die vorliegende Thematik und das Untersuchungsziel als weitgehend vernachlässigbar.

Die Interviewpartner antworten aus einer *Perspektive der Selbstwahrnehmung*. Diese ist einerseits durch subjektive Erfahrungen geprägt, andererseits besteht insbesondere das Risiko, dass Experten die Reife des eigenen Unternehmens als besonders gut darstellen möchten und somit ein Interesse daran haben könnten, das Maturity Model zu ihren Gunsten auszugestalten. Dieser Einwand ist jedoch zumindest weitgehend durch das umfangreiche theoretische Fundament des Modells und die breite Zusammensetzung der Experten zu relativieren. Durch die persönliche, situative Interaktion des Autors mit den interviewten Experten ist eine gewisse *Verzerrung der Antworten* möglich. Durch die offene Fragestellung wird dieser Umstand allenfalls noch begünstigt, da damit ein Vergleich der Interviews erschwert ist. Als letzte Grenze der Evaluation ist die zeitliche Dimension zu nennen: Da es sich bei den Experten um Unternehmensvertreter in leitender Funktion mit terminlich entsprechend beschränkten Kapazitäten handelte, war die Dauer der einzelnen Interviews auch *zeitlich begrenzt*. Somit konnte nur eine Auswahl der Themenfelder rund um Mobile Business in genügender Tiefe diskutiert werden.

6.3   Erkenntnisse aus den Experteninterviews

Nachfolgend sollen die zentralen Erkenntnisse aus den sechs Experteninterviews wiedergegeben werden. Dabei wird einerseits auf die generelle Beurteilung des Mobile Business Maturity Models und andererseits auf das Feedback zu den bestehenden Modellinhalten eingegangen.

Die befragten Experten *begrüssen die Initiative* zur Entwicklung eines wissenschaftlich abgestützten und fundierten Maturity Models zur digitalen Transformation durch Mobile IT. Da es sich bei Mobile Business nach wie vor um ein junges und sehr dynamisches Thema handelt, wird ein Werkzeug zur Standortbestimmung und zur Strukturierung unterschiedlicher Aspekte als *sehr positiv und wertvoll* aufgenommen, wie das folgende Zitat illustrativ zeigen soll:

Das Maturity Model ist eine sehr spannende Angelegenheit und kann sicher vielen Unternehmen helfen, Mobile IT noch professioneller zu betreiben. ... Auch für mich selbst war die Auseinandersetzung damit in diesem Interview sehr wertvoll. Ich habe wirklich schon parallel überlegt, wo ich uns jeweils sehe. (Interview Sichler, 2014)

Insbesondere beurteilten verschiedene Experten die *ganzheitliche Betrachtungsweise*, welche nicht nur auf technologische Fragestellungen Bezug nimmt, sondern auch Strategie, Prozesse und Kultur anspricht, als sehr wichtig (Interview Möller, 2014; Interview Sichler, 2014; Interview Weber, 2014). Stellvertretend für die Ansichten verschiedener Experten soll das anhand der nachfolgenden Aussage mit Beispiel illustriert werden:

Gewisse Konzerne verbieten Mitarbeitenden mit technischen Mitteln den mobilen Zugriff auf E-Mails während der Freizeit oder in den Ferien. Für mich ist das ein Beispiel, wo Mobilität nur technologisch, aber noch nicht ganzheitlich verstanden wird: Dann würde sich nämlich die Frage stellen, ob und wie Mitarbeitende mit Mobilität auch umgehen können. Die Lösung wäre dann wohl viel weniger ein technisches Verbot zum Wohl der Mitarbeitenden, sondern eine überlegte Antwort darauf, wie ein entsprechendes Bewusstsein für Mobilität

bei Mitarbeitenden geschafft werden kann. Ein ganzheitliches Modell kann hier unterstützen, die unterschiedlichen Ebenen zu berücksichtigen.
(Interview Möller, 2014)

Einige Experten äusserten den Wunsch, dass in der Praxis *noch prägnantere Maturity Models* ideal wären: Die generelle Konstruktion mit zwölf Dimensionen in vier Ebenen und einer Abstufung in fünf Reifegraden wurde vereinzelt als komplex wahrgenommen. Eine *Vereinfachung* könnte helfen, schneller Erkenntnisse aus dem Modell zu ziehen, so dass die Praxisakzeptanz höher wäre (Interview Weber, 2014). In eine ähnliche Richtung geht der Wunsch einer Weiterentwicklung des Maturity Models von einem eher deskriptiven Stadium zu einer normativen Form, welche konkrete Empfehlungen für die Weiterentwicklung von Unternehmen abgeben würde: Über die reine Standortbestimmung hinaus, wären *klare Handlungsempfehlungen*, wie ein höherer Reifegrad erreicht werden kann, überaus interessant (Interview Rükgauer, 2014). Mit der gewählten Vorgehensmethodik wäre eine solche Erweiterung allerdings kaum machbar. Der Vorschlag soll aber im Ausblick der Arbeit nochmals thematisiert werden.

Inhaltlich zeigte sich, dass die Verwendung der *St. Galler Business Engineering-Landkarte* (Baumöl, 2007, S. 48) als Grundgerüst des Modells teilweise für Verwirrung sorgte: Mehrmals wurde nach einem ersten Blick auf das Modell nach der operativ-administrativen Perspektive gefragt. Die entsprechenden Aspekte sind in der *Prozess-Ebene* zu finden, wobei dieser Begriff aber offensichtlich nicht immer direkt so verstanden wird, wie er von Baumöl (2007) verwendet wurde (Interview Ottino, 2014; Interview Weber, 2014). Für gewisse Unklarheit sorgten auch die fünf *Stufen der Innovationsdiffusion*, welche als Bezeichnung für die Reifegrade verwendet wurden: Zwar wurde begrüsst, dass damit plakative Begriffe gewählt wurden, der Zusammenhang zwischen Reife und Innovationsdiffusion war allerdings nicht immer verständlich. So kann ein Unternehmen beispielsweise im Sinne des Diffusionsmodells auch spät, etwa als Late Majority, das Thema von Mobile Business angehen, durch entsprechende Investitionen und Bemühungen aber trotzdem beispielsweise den Reifegrad 2 (Early Adopter) erreichen (Interview Kaltenrieder, 2014; Interview Möller, 2014; Interview Weber, 2014).

Bezüglich *Vollständigkeit* des Modells wurden je nach Tätigkeitsbereich und Expertise der Interviewpartner unterschiedliche *fehlende oder zu wenig berücksichtigte Aspekte* genannt. So wurde teilweise eine stärkere Betonung der *Mitarbeitersicht* (z.B. Interview Rükgauer, 2014) oder ein grösserer Fokus auf die *Kundenperspektive* gewünscht (z.B. Interview Kaltenrieder, 2014). Obwohl im entwickelten Maturity Model bewusst beide Zielgruppen von Mobile Business berücksichtigt wurden, scheinen die beiden Sichtweisen in der bestehenden Version des MMs offenbar noch zu wenig direkt angesprochen oder benannt zu sein. Gelegentlich wurde auch eine stärkere Berücksichtigung von *Social Media*, resp. Enterprise 2.0-Aspekten im Modell gewünscht (z.B. Interview Kaltenrieder, 2014; Interview Weber, 2014). Nach Ansicht des Autors beeinflussen diese Entwicklungen zwar auch Mobile Business, wie auch die Mobilisierung Social Media prägt, im Kern sind es jedoch unterschiedliche Aspekte der digitalen Transformation. Eine Berücksichtigung aller digitaler Themen, wie Enterprise 2.0, Social Media, Big Data und Datenanalyse etc., würde das Mobile Business Maturity Model jedoch nur verallgemeinern und verkomplizieren.

Insgesamt lässt sich festhalten, dass das entwickelte Modell von den sechs befragten Experten als *weitgehend vollständig, in sich konsistent* und *nützlich* angesehen wird. Die Feedbacks zur Struktur und zum Inhalt des Modells sollen Einzug in eine evaluierte, weiterentwickelte Version des MMs finden, wie im nächsten Kapitel genauer erläutert wird.

6.4 Implikationen für das entwickelte Maturity Model

Die Rückmeldungen der sechs Experten zum entwickelten Modell haben an unterschiedlichen Stellen einen Einfluss auf die Weiterentwicklung und die finale Konstruktion des Maturity Models. Die zentralen *Veränderungen und Erweiterungen* werden nachfolgend kurz skizziert.

Die gewünschte *Vereinfachung des Modells* hinsichtlich Ebenen, Dimensionen und Reifegraden ist am wissenschaftlichen Anspruch der vorliegenden Arbeit zu spiegeln: Eine zu starke Vereinfachung kann zwar aus Praxissicht attraktiv erscheinen, damit würde jedoch die wissenschaftliche Abstützung teilweise verloren gehen. Auf Grund verschiedener inhaltlicher Rückmeldungen sollen jedoch die zwölf Dimensionen des ursprünglich entwickelten Modells nochmals auf ihre Konsistenz hin hinterfragt und deren Anzahl reduziert werden. Am Grundgerüst des MMs mit den vier Ebenen der *St. Galler Business Engineering-Landkarte* (Baumöl, 2007, S. 48) als fundiertem Bezugsrahmen soll jedoch festgehalten werden. Auch die Anzahl der *Reifegrade* soll nicht reduziert werden, da eine Unterscheidung in fünf Stufen auch eine differenzierte Betrachtung der Reife zulässt und ein Raster mit weniger Levels dem Autoren als zu grob scheint. Hingegen soll statt der fünf Reifegrade der Innovationsdiffusion Bezeichnungen verwendet werden, welche eher die Reife bezüglich Mobile Business in den einzelnen Levels beschreiben.

In der *Strategie-* und der *System-Ebene* wurden von den Experten nur geringfügige Änderungs- und Erweiterungsvorschläge angebracht. In der System-Ebene sollen jedoch die beiden Dimensionen *Integration* und *Standardisierung* in einer Dimension kombiniert werden, da erkannt wurde, dass diese sehr ähnliche Aspekte ansprechen und daher gewisse Überschneidungen aufweisen. Grössere Erweiterungen wird es innerhalb der *Kultur-Ebene* geben: Einerseits werden die beiden Dimensionen *Kompetenzen* und *Wissensermittlung* wegen teilweiser Überschneidungen zusammengefasst, andererseits soll die bestehende Dimension der *Entwicklungsoffenheit* breiter gefasst zu *Anwenderakzeptanz* weiterentwickelt werden. Weitreichende Anpassungen erfährt schliesslich die *Prozess-Ebene*: Um der gelegentlich genannten Unklarheit der Bezeichnung Prozesse vorzubeugen, sollen die bisher im *Nutzungsumfang* zusammengefassten *Kunden-* und *Mitarbeiterprozesse* in zwei separaten, eigenen Dimensionen angesprochen werden. So ist anhand der Dimensionen besser ersichtlich, dass es innerhalb dieser Ebene um administrativ-operative Themen geht. Zudem werden die beiden Dimensionen *Prozessveränderungen* und *Durchgängigkeit* zusammengelegt werden, da diese Überschneidungen aufweisen und die Abgrenzung teilweise für Unklarheit sorgte.

Anhand dieser Erkenntnisse aus den sechs Experteninterviews soll nachfolgend das aus der Theorie entwickelte Maturity Model in seine Endform gebracht und beschrieben werden.

7 Das Mobile Business Maturity Model und seine zehn Dimensionen

Aufbauend auf der Untersuchung von 20 bestehenden Maturity Models zu Digital- und Mobile Business, angereichert durch weitere Studien und Untersuchungen zu Mobile IT und reflektiert an sechs Experteninterviews, wurde das Mobile Business Maturity Model entwickelt. Die endgültige Version mit zehn Dimensionen in vier Ebenen und mit fünf Reifegraden wird nachfolgend vorgestellt. Abbildung 7 zeigt die Dimensionen des Maturity Models in den Ebenen der *St. Galler Business Engineering-Landkarte* (Baumöl, 2007, S. 48) in einer Übersicht.

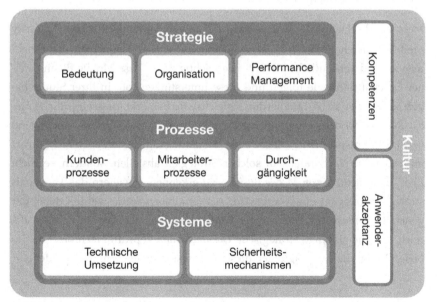

Abbildung 7: Die zehn Dimensionen des Mobile Business Maturity Models
(Quelle: eigene Abbildung; Struktur in Anlehnung an: Baumöl, 2007, S. 48)

Die Inhalte jeder Gestaltungsdimension werden mit ihren Gestaltungsobjekten und den Ausprägungen in den einzelnen Reifegraden begründet. Nach den Erläuterungen zu den vier Ebenen folgt eine Gesamtbetrachtung des konstruierten Mobile Business Maturity Models.

7.1 Strategie-Ebene

Innerhalb der Strategie-Ebene beschäftigen vor allem Fragestellungen rund um die Bedeutung von Mobile Business im Unternehmen und dessen Verhältnis zur Unternehmensstrategie. Zentral ist auch, wie das Thema organisatorisch bearbeitet wird, sowie wie Ziele zu Mobile Business bestimmt und dessen Nutzen gemessen werden. Nachfolgend werden dazu drei entsprechende Gestaltungsdimensionen des Maturity Models konstruiert.

7.1.1 Bedeutung von Mobile Business

Mehr als die Hälfte der analysierten Digital- und Mobile Business Maturity Models[33] sprechen die *strategische Verankerung* dieser Themen im Unternehmen an und verdeutlichen damit, wie wichtig es ist, dass Mobile Business einer Geschäftsstrategie folgen und diese unterstützen soll. In ihrer Studie haben Sammer et al. (2014) allerdings gleichzeitig bemerkt, dass eigentliche *Mobile Business Strategien* in den Unternehmen heute noch kaum vorhanden sind (S. 73, 93). Entsprechend soll die erste Gestaltungsdimension auch nicht direkt auf das reine Vorhandensein solcher Strategien abstellen, sondern versucht über die *Bedeutung von Mobile Business* zu erkennen, inwiefern das Thema als strategisch relevant eingestuft wird. Als *Gestaltungsobjekte* werden dabei der generelle *Einfluss* des Themas, der Umgang mit *Investitionen* im mobilen Bereich und die allfällige strategische *Dokumentation* geprüft. Nachfolgende Tabelle 12 zeigt die Ausprägungen dieser Dimension in den fünf Reifegraden.

---

[33] Vgl. Kap. 4.3 Inhaltliche Analyse, S. 37.

Tabelle 12: Dimension 1.1 „Bedeutung von Mobile Business"

Dimension: Bedeutung von Mobile Business	
Welche Bedeutung hat Mobile Business im Unternehmen? *Inwiefern wird das Thema als strategisch relevant eingestuft?*	
Gestaltungsobjekt	**Beschreibung**
Einfluss	Welchen Stellenwert hat Mobile Business generell im Unternehmen? Wo im Unternehmen wird das Thema als relevant eingeschätzt?
Investitionen	Wie werden Investitionen in Mobile Business Solutions getätigt?
Dokumentation	In welchem Ausmass sind Ziele und Vorgaben zu Mobile Business vorhanden und dokumentiert? Wie detailliert sind entsprechende Dokumente ausgestaltet und auf welcher strategischen Ebene sind sie angesiedelt?

Level	Beschreibung	Ausprägungen der Gestaltungsobjekte
1	Keine strategische Bedeutung, evtl. einzelne Insellösungen	• **Einfluss**: Mobile Business wird keine Bedeutung zugemessen. • **Investitionen**: Im Unternehmen existieren keine Mobile Business Solutions oder allenfalls einzelne Insellösungen, welche aber nicht professionell betreut und in den gesamten Unternehmenskontext eingebettet sind. • **Dokumentation**: Das Thema ist strategisch nicht dokumentiert.
2	Bedeutung in IT oder Marketing erkannt, keine übergeordnete Mobile Strategie	• **Einfluss**: Die Bedeutung von Mobile Business wurde in einzelnen Abteilungen, wie Marketing oder IT, erkannt. • **Investitionen**: Explorativ werden in einzelnen Abteilungen Lösungen umgesetzt. Diese Investitionen erfolgen kaum mit einer längerfristigen Perspektive und sind losgelöst von der Unternehmensstrategie. • **Dokumentation**: analog 1.
3	Relevanz erkannt, in der IT-Strategie wird Mobile technisch thematisiert	• **Einfluss**: Das gesamte Unternehmen und dessen Leitung ist sich dem strategischen Stellenwert von Mobile Business für das eigene Geschäft bewusst. • **Investitionen**: Geschäftliche Einsatzmöglichkeiten von Mobile Business werden im ganzen Unternehmen bewusst geprüft und umgesetzt. • **Dokumentation**: Innerhalb der IT-Strategie wird auch Mobile Business thematisiert. Die Strategie ist dokumentiert und intern kommuniziert. Die Mobile-Strategie bezieht sich vor allem auf technologische Aspekte und geht in gewissem Umfang auf Device- (Hardware) und App-Strategie (Software) ein.

4	Mobile Business Strategie zu Technologie und organisatorischen Aspekten	• **Einfluss**: analog 3. Zusätzlich leitet sich die Bedeutung von Mobile Business aus der Unternehmens- und/oder IT-Strategie ab und unterstützt deren Ziele und Vorgaben. • **Investitionen**: analog 3. • **Dokumentation**: Eine eigenständige Mobile Business Strategie ist vorhanden und dokumentiert. Diese spricht zusätzlich zu technologischen Aspekten (analog 3) auch organisatorische Elemente zu Mobile Business an (etwa organisatorische Aufhängung, Wissensaustausch, Nutzenbegründung oder verfolgte Ziele) und wird intern kommuniziert.
5	Strategie mit Verständnis von Mobile als wichtigem Differenzierungsfaktor	• **Einfluss**: analog 4. Zusätzlich wird Mobile Business als wichtiger Wettbewerbs- und Differenzierungsfaktor erachtet sowie als zentrale Möglichkeit zu Innovationen und technologischen Neuerungen verstanden. • **Investitionen**: analog 4. • **Dokumentation**: analog 4. Zusätzlich wird die Mobile Business Strategie in gewisser Regelmässigkeit überprüft und aktualisiert.

Die Ausprägungen wurden einerseits aus den untersuchten Maturity Models abgeleitet sowie andererseits mit den Erläuterungen von Sammer et al. (2014) zu Mobile Business Strategien und deren Verhältnis zu Unternehmens- und IT-Strategien (S. 63-71) detailliert. Schliesslich wurden die fünf Reifegrade dann mit den Resultaten einer Studie des IBM Institute for Business Value abgeglichen, welche sich anhand einer Befragung von 600 Unternehmen weltweit vertieft mit der Entwicklung von Mobile Strategien auseinandersetzte (Buckellew et al., 2013).

Die bereits erwähnte Erkenntnis, dass eigentliche Mobile Business Strategien heute noch kaum vorhanden sind, sprach dafür, diese als Differenzierungsmerkmal in den höheren Maturity Levels zu verwenden. Der Beginn dieses Entwicklungsprozesses sehen der Autor dieser Arbeit und die befragten Experten hingegen in einer undefinierten Mobile Strategie, bei welcher das Thema entweder gar keine Relevanz im Unternehmen geniesst oder nur von einzelnen Fachabteilungen ohne Koordination bearbeitet wird.

7.1.2   Organisation von Mobile Business

In der Studie von Sammer et al. (2014), waren 44 Prozent von knapp 300 Befragten der Ansicht, dass klare Verantwortlichkeiten im Bereich Mobile wichtig sind (S. 82). Entsprechend scheint die Fragestellung, wie das Thema Mobile Business in einer *Organisation* positioniert ist, überaus relevant zu sein und auch sechs von 13 untersuchten Maturity Models gehen darauf ein.[34] Anhand der drei *Gestaltungsobjekte*, ob und wie das Thema in der Unternehmensstruktur *verankert* ist, wie die unternehmensweite *Koordination* erfolgt und wie *Verantwortlichkeiten* dazu geregelt werden, soll die organisatorische Reife ermittelt werden. Nachfolgende Tabelle 13 zeigt die Ausprägungen der Dimension, wie sie im vorliegenden Modell verwendet werden.

Tabelle 13: Dimension 1.2 „Organisation von Mobile Business"

Dimension: Organisation von Mobile Business	
Wie ist das Thema Mobile Business im Unternehmen organisatorisch positioniert? Wie werden entsprechende Initiativen koordiniert?	
Gestaltungsobjekt	Beschreibung
Verankerung	Wo in der Unternehmensstruktur und –organisation ist Mobile Business angesiedelt?
Koordination	Wie erfolgt die unternehmensweite Koordination verschiedener Mobile Business Projekte und –Initiativen?
Verantwortlichkeiten	Wie sind Verantwortlichkeiten bezüglich Mobile Business und der Entwicklung entsprechender Solutions geregelt?

Level	Beschreibung	Ausprägungen der Gestaltungsobjekte
1	Einzelinitiativen ohne organisatorische Verankerung	• **Verankerung:** Einzelne Mobile Business Insellösungen werden eigenmächtig von interessierten Stellen angestossen, umgesetzt und/oder betreut. • **Koordination:** Mobile Business-Einzelinitiativen sind untereinander nur beschränkt koordiniert oder organisatorisch abgestimmt. • **Verantwortlichkeiten:** Kaum Regelungen, resp. ad hoc Festlegung.

---

[34] Vgl. Kap. 4.3 Inhaltliche Analyse, S. 37.

2	In sich ge-schlossene Projekte zur Entwicklung von Mobile Business Solutions	• **Verankerung**: Eigentliche Mobile Business Solutions werden durch definierte, in sich abgeschlossene Projektorganisationen entwickelt. • **Koordination**: Ressourcen für Mobile Business Solutions werden auf Projektbasis vom initiierenden Fachbereich bewilligt. Eine weitergehende Koordination existiert kaum. • **Verantwortlichkeiten**: Die Zuständigkeiten bei der Entwicklung von Mobile Business Solutions sind durch Projektorganisationen geregelt. Die Projektleitung wird vom initiierenden Fachbereich gestellt, das Projektteam setzt sich aus diesem und allenfalls weiteren Fachbereichen sowie unterstützenden Abteilungen (z.B. IT, Kommunikation, Marketing etc.) zusammen.
3	Lose unternehmensweite Organisation des Themas Mobile Business	• **Verankerung**: analog 2. • **Koordination**: Ressourcen für Mobile Business Solutions werden auf Projektbasis vom initiierenden Fachbereich bewilligt. Zusätzlich haben sich im Unternehmen lose Verbindungen, etwa in Form eines Arbeitskreises, einer Fachgruppe oder eines „Round Tables" etabliert. Diese dienen vor allem dem internen Erfahrungsaustausch und der groben Abstimmung verschiedener Abteilungen. • **Verantwortlichkeiten**: analog 2.
4	Strategische Rolle oder Stelle zur Governance von Mobile Business	• **Verankerung**: analog 2. Zusätzlich ist Mobile in einer unternehmensweiten Rolle oder Stelle strategisch positioniert und entweder beim CIO angesiedelt oder als Stabsstelle aufgehängt. • **Koordination**: analog 3. Zusätzlich zum Erfahrungsaustausch in Arbeitskreisen erfolgt bei einer organisatorisch verankerten Rolle oder Stelle eine Steuerung und Koordination des Themas zur Sicherstellung gemeinsamer Standards entsprechender Initiativen (Mobile Governance). • **Verantwortlichkeiten**: analog 3, wobei Mobile Governance-Verantwortlichkeiten zentral zusammengeführt sind.

| 5 | Einsetzendes Empowerment des ganzen Unternehmens zu Mobile Business | • **Verankerung**: analog 4. Zusätzlich existieren Massnahmen für ein vermehrtes Empowerment weiterer Kreise im Unternehmen bezüglich Mobile Business. So sollen diese Kreise das Themenfeld auch proaktiv fördern und in ihren Bereichen den Einsatz entsprechender Solutions vorantreiben.

• **Koordination**: analog 4. Zusätzlich agiert die eigentliche Mobile-Abteilung auch als Treiber des ganzen Themenfelds, entwickelt dieses strategisch weiter und schafft notwendige Rahmenbedingungen im Unternehmen, damit auch dezentral entsprechende Initiativen möglich sind.

• **Verantwortlichkeiten**: analog 4, wobei die Kontrolle über Mobile Business durch Empowerment-Massnahmen im Unternehmen zunehmend auch wieder dezentralisiert wird und die Mobile-Abteilung vor allem auch als unternehmensinterner Dienstleister auftritt. |

In der Analyse von 20 Fallstudien erkannten Walter et al. (2012) drei typische Organisationsformen, wie sie heute von Unternehmen für Mobile Business verwendet werden (S. 34-38). Diese bildeten die Ausgangslage für die Erarbeitung der fünf Ausprägungen im eigenen Mobile Business Maturity Model und sind in nachfolgender Abbildung 8 schematisch erklärt. Ergänzt wurden diese Ausführungen durch Informationen aus den entsprechenden Maturity Models, welche die Dimension Organisation ebenfalls ansprechen. Für die höheren Levels wurden ausserdem speziell die Empfehlungen zur Organisationsgestaltung von Briggs et al. (2013, S. 17-18) berücksichtigt, welche auf einer Analyse der Fortune 100-Unternehmen basieren.

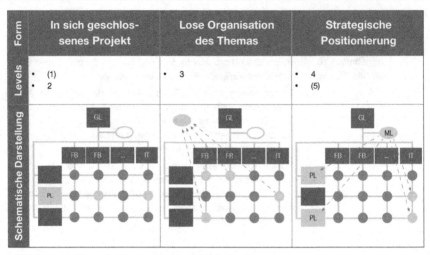

Abbildung 8: Organisationstypen für Mobile Business
(Quelle: Eigene Abbildung, Schemata in Anlehnung an: Walter et al., 2012, S. 34)

Auf Grund der Ansichten einer Mehrheit der befragten Experten wurde im fünften Reifegrad der Aspekt des *Empowerments des gesamten Unternehmens* aufgenommen. Verschiedentlich wurde die Ansicht geäussert, dass aktuell in vielen Unternehmen zwar die Entwicklung zu einer spezialisierten Mobile-Abteilung geschieht, was aber nur als Zwischenschritt anzusehen ist. Eine zumindest teilweise selbständige Orchestration des Themas im Unternehmen, bei welcher Mobile Business von der gesamten Organisation selbständig bei allen Entwicklungen und Innovationen berücksichtigt wird, stellt viel eher den höchsten Reifegrad dar (Interview Kaltenrieder, 2014; Interview Möller, 2014; Interview Ottino, 2014; Interview Weber, 2014).

Bei der Ausgestaltung der fünf Organisationsausprägungen wurde erkannt, dass insbesondere das Gestaltungsobjekt *Koordination* auch Aspekte von *Mobile Governance* adressiert. Von den analysierten 13 Maturity Models zu Digital- und Mobile Business sprechen rund 60 Prozent dieses Thema separat an. Damit scheint allerdings eine gewisse Überschneidung zu entstehen, so dass im vorliegenden Maturity Model keine eigene Gestaltungsdimension zu diesem

Thema konstruiert wird, sondern entsprechende Aspekte bereits hier integriert sind.

7.1.3 Performance Management von Mobile Business

Wie wird über Investitionen in Mobile Business entschieden? Wie wird der Nutzen entsprechender Solutions begründet? Und wie wird deren Nutzung und Effizienz gemessen? Ein Drittel der identifizierten existierenden Maturity Models thematisiert solche Fragestellungen[35] und auch im vorliegenden Modell soll auf das *Performance Management* eingegangen werden. Die *Reifebestimmung* erfolgt dabei einerseits mit Blick auf die Definition von *Zielen* oder der Nutzenbegründung von Mobile Business, andererseits stellt sich die Frage der *Messung* der Zielerreichung und generell des *Monitorings* mobiler Aktivitäten. In nachfolgender Tabelle 13 sind die Ausprägungen dieser Dimension pro Maturity Level ersichtlich.

Tabelle 14: Dimension 1.3 „Performance Management von Mobile Business"

Dimension: Performance Management von Mobile Business	
Wie werden Ziele von Mobile Business Solutions festgelegt und deren Nutzen begründet? Wie wird deren Nutzung und Effizienz gemessen?	
Gestaltungsobjekt	Beschreibung
Ziele	Wie wird der Nutzen von Mobile Business im Unternehmen begründet?
Messung	Wie wird die Entwicklung entsprechender Solutions, aber auch deren Nutzung und Effizienz gemessen?
Benchmarking	Wie systematisch wird der Einsatz von Mobile Business bei Mitbewerbern und im Markt allgemein beobachtet, um daraus Rückschlüsse für das eigene Angebot zu ziehen?

---

[35] Vgl. Kap. 4.3 Inhaltliche Analyse, S. 37.

Level	Beschreibung	Ausprägungen der Gestaltungsobjekte
1	Weder Zieldefinition noch Leistungsmessung	• **Ziele**: Die Entwicklung vereinzelter Mobile Business Solutions wird nicht durch die Definition von Zielen, Erwartungen oder Ergebnissen gesteuert. Diese entstehen vielmehr explorativ ohne vertiefte Nutzenbegründung. • **Messung**: Die Performance einzelner Solutions wird nicht oder nur sehr rudimentär gemessen. • **Benchmarking**: Was Mitbewerber im Mobile Business machen und welche Markt- und Technologieentwicklungen generell stattfinden, wird nicht oder nicht systematisch betrachtet.
2	Qualitative Nutzenbegründung und simple Zielmessung	• **Ziele**: Ziele und Nutzen von Mobile Business werden hauptsächlich qualitativ bestimmt (z.B. Positionierung als Technologieführer, gesteigerte Mitarbeiterzufriedenheit oder bessere Prozessqualität). • **Messung**: Die Performance wird gelegentlich anhand einfacher Kennzahlen, wie Downloadzahlen, Pageviews o.ä., bestimmt. • **Benchmarking**: analog 1.
3	Qualitative und quantitative Zielsetzung mit Monitoring der Performance	• **Ziele**: Zusätzlich zu qualitativen Zielen (analog 2) werden Mobile Business-Projekte auch quantitativ begründet (z.B. schnellere Reaktionszeit, höhere Datenqualität, Kosteneinsparungen etc.) • **Messung**: Fortschritte in der Entwicklung mobiler Lösungen werden regelmässig anhand der festgelegten Ziele überprüft. Die Nutzung und Effizienz fertiger Solutions wird periodisch (im Sinne eines Monitorings) mit einem Kennzahlensystem gemessen. • **Benchmarking**: Gelegentlich wird angeschaut, wie Mitbewerber Mobile Business einsetzen, um Erkenntnisse für das eigene Angebot abzuleiten.
4	Umfangreiche Nutzenbegründung mit Performance- und App Store-Monitoring	• **Ziele**: analog 3. Zusätzlich wird der Nutzen von Mobile Business-Projekten mit Business Cases belegt, welche möglichst auch finanzielle Ziele nennen. • **Messung**: analog 3. Zusätzlich werden eigene Angebote in öffentlichen App Stores bezüglich Bewertungen und Kommentaren sowie auf mögliche Fremd-Apps, welche den Namen oder die Marken des Unternehmens unauthorisiert verwenden, überprüft. • **Benchmarking**: analog 3.

| 5 | Umfassende Nutzenbegründung mit Monitoring und Benchmarking | • **Ziele**: analog 4.
• **Messung**: analog 4.
• **Benchmarking**: In gewissen Zeitabständen findet eine Markt- und Wettbewerbsanalyse zu Mobile Business statt, um das eigene Angebot zu benchmarken und nicht nur von Mitbewerbern, sondern auch von allgemeineren Marktentwicklungen und Technologietrends zu lernen. |

Die obigen Ausprägungen leiten sich einerseits aus den fünf analysierten Digital- und Mobile Business Maturity Models her, welche die Performance ebenfalls thematisieren, und wurden andererseits auf Grund der Studienergebnisse von Sammer et al. (2014) zur Nutzenbegründung entsprechender Solutions sowie deren Monitoring (S. 82-88; 206-212) detailliert. Wie in deren empirischer Forschung erkannt wurde, befindet sich die Performance-Messung von Mobile Business oft noch auf eher generischem Niveau und insbesondere ein umfassendes App Store Monitoring wird bisher kaum durchgeführt. Die Studienautoren zeigen beispielhaft anhand der Automobilbranche auf, dass in App Stores immer öfter Fremd-Apps unter dem Namen eines Unternehmens oder einer Marke aufzufinden sind, ohne dass diese dazu autorisiert worden wären (Sammer et al., 2014, S. 207-210). Ein regelmässiges Monitoring gilt daher speziell bei Unternehmen, welche eine hohe Markenbekanntheit aufweisen und im Endkundengeschäft tätig sind, als wichtig. Entsprechend wurden auch solche Tendenzen bei den höheren Reifegraden berücksichtigt. Um die höchste Reife zu erreichen, soll zudem ein periodisches Benchmarking der mobilen Angebote von Markt und Mitbewerbern durchgeführt werden, um sich selber zu verbessern und zu lernen. Auch dieses Thema wird in der Praxis erst teilweise strukturiert angegangen, wie Sammer et al. (2014, S. 210) aus ihren 20 Fallstudien erkannten.[36]

---

[36] Auch der Autor dieser Arbeit machte ähnliche Erfahrungen, als er 2013 an einer vom deutschen Automobilkonzern Audi an der Universität St. Gallen in Auftrag gegebenen Studie zu mobilen Applikationen im Automobilbereich mitarbeitete. Neben einer Markt- und Wettbewerbsanalyse wurde damals auch ein Methodenkonzept für ein periodisches Benchmarking entwickelt, das dem Auftraggeber eine eigenständige, teilautomatisierte Aktualisierung ermöglichen sollte (vgl. Lehrstuhl Back, 2014).

Abschliessend soll auf jene zwei Strategie-Dimensionen eingegangen werden, welche von den analysierten Maturity Models verwendet, aber nun im eigenen Modell nicht als eigenständige Gestaltungsdimensionen herausgearbeitet wurden. Zusätzliche Aspekte aus der Analyse waren *Diversifikation / Innovation* und *Ressourcen*. Ersterer wurde teilweise innerhalb der Dimension *Bedeutung von Mobile Business* berücksichtigt, zudem soll die Innovationsfreudigkeit von Unternehmen vertieft in der Prozess-Ebene beachtet werden. Das Themenfeld der Ressourcen sieht der Autor einerseits durch die strategischen Dimensionen von *Bedeutung* (finanzielle Ressourcen) und *Organisation* abgedeckt (insbesondere humane und physische Ressourcen) und andererseits soll darauf auch in der System- (technologische Ressourcen) und der Kultur-Ebene (humane Ressourcen) nochmals eingegangen werden.

7.2 Prozess-Ebene

„Behandelt die Strategie übergeordnete Fragestellungen, geht es auf der Prozessebene um konkrete Anwendungen" (Sammer et al., 2014, S. 103). Im Mobile Business sind diese *Anwendungsmöglichkeiten* sehr breit und überall im Unternehmen zu finden, wie etwa das Harvard Business Review aus einer Auswertung aktueller Studien erkannte: Anhand der Unternehmensaktivitäten Rechnungswesen, Verkauf, Human Resources, Produktion / Operations und Service wird aufgezeigt, welchen Einfluss Mobile Business auf die einzelnen Prozesse haben kann und welche Chancen sich damit bieten (Harvard Business Review & SAP, 2012b, S. 2-3).[37]

Diese Vielfalt an Einsatzmöglichkeiten von Mobile Business erschwert eine systematische und möglichst umfassende Berücksichtigung der prozessualen Aspekte im vorliegenden Maturity Model. Die untersuchten 13 existierenden Modelle gehen denn auch teilweise sehr konkret auf einzelne Einsatzfelder von Mobile Business in der Prozessunterstützung ein, etwa betreffend *Kommunikation, Automatisierung* oder *Zusammenarbeit*, ohne eine ganzheitlichere

---

[37] Eine ähnliche Aufstellung machte bereits Wamser im Jahr 2009, welche in neun betrachteten Unternehmensaktivitäten Einsatzpotenziale von Mobile Business zeigt (S. 408-410).

Sichtweise einzunehmen.[38] Nachfolgend wird versucht, eine solche allgemeinere Perspektive zu wählen, damit das Modell für verschiedene Branchen und Unternehmen mit unterschiedlichen Bedürfnissen an Mobile Business von Relevanz ist.

7.2.1 Kundenprozesse im Mobile Business

In welchem Umfang wird Mobile Business vom Unternehmen genutzt? Diese Frage wird im entwickelten Maturity Model aus zwei Perspektiven betrachtet: Einerseits geht es darum, welche mobilen Lösungen das Unternehmen nach aussen für *Kunden* und weitere Anspruchsgruppen bereitstellt, und andererseits stellt sich die Frage, wie Mobile Business Solutions innerbetrieblich eingesetzt werden, um *Mitarbeitende* bei deren Tätigkeiten zu unterstützen. Gestaltungsdimension 1 konzentriert sich auf die Aussenperspektive, bevor danach die innerbetriebliche Mobilität genauer betrachtet wird.

Die Gestaltungsobjekte zur Beurteilung der *Kundenprozesse* im Mobile Business orientieren sich grob am *Buying Cycle*, welcher den Kaufprozess von Kunden in verschiedene Phasen unterteilt (Bieger et al., 2004, S. 63-65): So wird zwischen der *Kauf-* und der *Nutzungsphase* unterschieden, wobei erstere auch die Kontakt- und Evaluationsphase umfasst, welche zu einem Kauf führen. Zusätzlich wird angeschaut, inwiefern Mobile Business für *weitere Stakeholder* des Unternehmens eingesetzt wird, wie nachfolgende Tabelle 15 zeigt.

---

[38] Vgl. Kap. 4.3 Inhaltliche Analyse, S. 37.

Tabelle 15: Dimension 2.1 „Kundenprozesse mit Mobile Business"

Dimension: Kundenprozesse mit Mobile Business	
Wie unterstützt ein Unternehmen mit Mobile Business Solutions die Interaktion mit potenziellen und bestehenden Kunden? Welche Lösungen werden für weitere externe Anspruchsgruppen bereitgestellt?	
Gestaltungsobjekt	**Beschreibung**
Kaufphase	In welchem Ausmass unterstützen und ermöglichen Mobile Business Solutions den (Erst-)Kontakt, die Evaluation und den Kauf von Leistungen durch potenzielle und bestehende Kunden? In welchem Umfang werden diese auch in die Leistungserbringung integriert?
Nutzungsphase	Wie werden Kunden in der Leistungsnutzung durch mobile Lösungen unterstützt? Inwiefern werden die Leistungen des Unternehmens durch mobile Funktionalitäten erweitert?
Weitere Stakeholder	Wie werden neben den eigentlichen Kunden des Unternehmens weitere Anspruchsgruppen durch Mobile Business Solutions angesprochen?

Level	Beschreibung	Ausprägungen der Gestaltungsobjekte
1	Keine Mobile Solutions oder nur mobil abrufbare Marketinginstrumente	• **Kaufphase**: Sofern Mobile Business Solutions für Kunden überhaupt existieren, sind diese hauptsächlich als Vermarktungsinstrumente konzipiert und unterstützen Marketing- und Brandingaktivitäten des Unternehmens. Die Lösungen dienen vor allem der Informationsbereitstellung und –vermittlung. • **Nutzungsphase**: Kaum Einsatz von Mobile Business. • **Weitere Stakeholder**: Kaum Einsatz von Mobile Business.
2	Mobil optimierte oder responsive entwickelte Unternehmens-Webseite	• **Kaufphase**: analog 1. • **Nutzungsphase**: analog 1. • **Weitere Stakeholder**: Die Webseite des Unternehmens ist in einer mobil optimierten Version verfügbar oder wurde mit Responsive Design-Techniken für unterschiedliche Endgeräte und Bildschirmgrössen entwickelt.

3	Mobile Produktkäufe und Serviceleistungen durch Kunden möglich	• **Kaufphase:** analog 2. Zusätzlich können Kunden über Mobile Business Solutions, wo möglich und sinnvoll, Produkte oder Leistungen des Unternehmens bestellen und kaufen oder Beratungs- und Angebotsprozesse anstossen. • **Nutzungsphase:** Service- und Supportmöglichkeiten können von Endkunden auch auf mobilen Endgeräten abgerufen und genutzt werden. Beispielsweise können Serviceaufträge direkt aufgegeben und deren Status eingesehen werden oder es stehen mobil optimierte Produktanleitungen bereit. • **Weitere Stakeholder:** analog 2.
4	Mobile Integration von Kunden in die Leistungserstellung sowie Solutions für weitere Stakeholder	• **Kaufphase:** analog 3. Zusätzlich lassen sich, wo sinnvoll, Produkte oder Dienstleistungen über mobile Endgeräte konfigurieren und individualisieren, so dass Kunden in die Leistungserstellung integriert werden. • **Nutzungsphase:** analog 3. • **Weitere Stakeholder:** analog 3. Zusätzlich hat das Unternehmen die Bereitstellung mobiler Lösungen für weitere Anspruchsgruppen, wie Investoren, potenziellen Mitarbeitenden, Partnern, Medien etc. systematisch untersucht und, wo sinnvoll, entsprechende Solutions entwickelt und eingeführt.
5	Verbesserung und Erweiterung bestehender Produkte durch Verknüpfung mit mobilen Endgeräten	• **Kaufphase:** analog 4. • **Nutzungsphase:** analog 4. Zusätzlich verbessern, ergänzen und erweitern Mobile Business Solutions zunehmend bestehende Produkte oder Dienstleistungen: Indem beispielsweise mobile Endgeräte von Kunden mit Produkten auf vielfältige Weise interagieren oder diese bedien- und steuerbar machen, wird ein Mehrwert geschaffen oder ein personalisierteres Leistungserlebnis ermöglicht. • **Weitere Stakeholder:** analog 4.

Die Charakteristika der einzelnen Reifegrade leiteten sich aus einer Kombination jener elf existierenden Modelle her, welche die Kommunikation oder die integrierte Leistungserbringung thematisieren und dabei auf Kundenprozesse von Unternehmen eingehen.[39] Ergänzt wurden diese Angaben mit den Ausführungen von Sammer et al. (2014) zu möglichen Prozessausrichtungen von Mobile Business Solutions (S. 114-121). Dabei wurde erkannt, dass Unternehmen mobile Lösungen zunächst meist als neue Instrumente in ihrer Vermark-

---

[39] Vgl. Kap. 4.3 Inhaltliche Analyse, S. 37.

tung einsetzen und deren Funktionalitäten nach und nach in Richtung Service und Support erweitern. Werden Produkte mit mobilen Endgeräten verknüpft und so verbessert oder erweitert, ist von einer hohen Maturity auszugehen, da die Chancen von Mobile Business im Unternehmen klar erkannt wurden und sich Unternehmen diese Entwicklung effektiv zu Nutze machen.

7.2.2 Mitarbeiterprozesse mit Mobile Business

Wo innerhalb des Unternehmens kommt Mobile Business zum Einsatz? Aufbauend auf dem Konzept der primären und unterstützenden Aktivitäten, welches Porter (2014, S. 64-74) in seiner generischen *Wertkette* aufzeigt, soll die Nutzungsbreite von Mobile Business durch Mitarbeitende untersucht werden. Die Gestaltungsobjekte entsprechen dabei den Prozesskategorien des *neuen St. Galler Management-Modells* (Rüegg-Stürm, 2004, S. 110-118), welches die Wertschöpfungsaktivitäten von Unternehmen grob in drei Gruppen unterteilt: *Managementprozesse* zur grundlegenden Gestaltung, Führung und Entwicklung von Unternehmen, *Geschäftsprozesse* zur eigentlichen Erbringung der marktbezogenen Kernaktivitäten, sowie *Unterstützungsprozesse*, welche notwendig sind um Geschäftsprozesse effektiv und effizient zu vollziehen. Ein grösserer Nutzungsumfang von Mobile Business durch Mitarbeitende wird dabei mit einer höheren Reife gleichgesetzt, wie die Ausprägungen in Tabelle 16 verdeutlichen.

Tabelle 16: Dimension 2.2 „Mitarbeiterprozesse mit Mobile Business"

Dimension: Mitarbeiterprozesse mit Mobile Business	
Wie wird Mobile Business innerhalb des Unternehmens eingesetzt, um Mitarbeitende bei ihrer Arbeit zu unterstützen? Welche Unternehmensprozesse sind bereits mobilisiert?	
Gestaltungsobjekt	Beschreibung
Managementprozesse	Wie werden normative, strategische und operative Managementaufgaben zur Gestaltung, Steuerung und Entwicklung von Unternehmen mobilisiert?
Geschäftsprozesse	Wie werden interne Aktivitäten der Leistungserstellung und –innovation sowie der Kundenakquise und –bindung durch Mobile Business Solutions unterstützt?

Unterstützungsprozesse	In welchem Umfang ermöglicht Mobile Business die Erbringung interner Dienstleistungen und die Bereitstellung von Infrastruktur des Unternehmens?	
Level	Beschreibung	Ausprägungen der Gestaltungsobjekte
1	Mobile Verfügbarkeit von Organisationsfunktionen wie E-Mail oder Kalender	• **Managementprozesse**: Kein systematischer Einsatz von Mobile Business. • **Leistungsprozesse**: Kein systematischer Einsatz von Mobile Business. • **Unterstützungsprozesse**: Über mobile Endgeräte können Mitarbeitende auf grundlegende Organisations- und Kommunikationsmittel des Unternehmens, wie E-Mail, Kalender oder Kontakte, zugreifen.
2	Mobile Informationen für Management und Sales sowie mobiler Intranet-Zugriff	• **Managementprozesse**: Generelle Managementaufgaben werden durch Mobile Business unterstützt, indem etwa Dashboard-Lösungen zum Abruf von Unternehmenskennzahlen oder Finanzdaten bereitstehen. • **Geschäftsprozesse**: Sales-Mitarbeitenden stehen mobile Applikationen für die Vertriebsprozesse und die Kundenberatung zur Verfügung, um das Leistungsangebot des Unternehmens zu präsentieren. Die Lösungen dienen hauptsächlich der Informationsbereitstellung und –vermittlung. • **Unterstützungsprozesse**: analog 1. Zusätzlich können das Intranet und, wo sinnvoll, weitere interne Organisationsplattformen auch in einer mobil optimierten Version abgerufen werden.
3	Mobile Bearbeitung von Dokumenten sowie Unterstützung von Kundenservice und Aussendienst	• **Managementprozesse**: analog 2. • **Geschäftsprozesse**: analog 2. Zusätzlich werden auch Aussendienstmitarbeitende in Serviceprozessen unterstützt. So können etwa Bestell- und Produktionsfortschritte eingesehen, Betriebs- oder Bauanleitungen mobil abgerufen, oder die Verfügbarkeit von Ersatzteilen geprüft werden. • **Unterstützungsprozesse**: analog 2. Zusätzlich haben Mitarbeitende auch auf mobilen Endgeräten Zugriff auf relevante Dokumente und können diese, wo auf mobilen Geräten sinnvoll, auch bearbeiten. Zudem können administrative Daten, wie Arbeitszeiten oder Spesen, direkt mobil erfasst werden.

| 4 | Umfangreiche mobile Prozesse für reibungslose Kommunikation und Zusammenarbeit | • **Managementprozesse**: analog 3. Zusätzlich können durch Mobile Business Solutions auch operative Führungsaufgaben wahrgenommen werden, indem mobil auf ERP-Lösungen zugegriffen werden kann, um so beispielsweise Rechnungen freizugeben oder Absenzen von Mitarbeitenden direkt zu bewilligen.
• **Geschäftsprozesse**: analog 3. Zusätzlich können aus den Mobile Business Solutions direkt Bestellungen ausgelöst oder Verträge ausgestellt werden. In der Leistungserstellung werden zudem auch Supply Chain Management-Prozesse mobil unterstützt.
• **Unterstützungsprozesse**: analog 3. Zusätzlich stehen verschiedene Solutions zur mobilen Zusammenarbeit in Abteilungen, Teams und Projektorganisationen bereit, so dass ein individuelleres, flexibleres Arbeiten möglich ist. |
| 5 | Mobile Unternehmensprozesse mit direkter Integration von Lieferanten und Partnern | • **Managementprozesse**: analog 4.
• **Geschäftsprozesse**: analog 4. Zusätzlich werden in der Leistungsentwicklung zunehmend auch Lieferanten und externe Partner mobil integriert, um zeitnahe Produktionsprozesse zu ermöglichen. Die Leistungsinnovation durch Forschung und Entwicklung wird ebenfalls zunehmend mobil ermöglicht.
• **Unterstützungsprozesse**: analog 4. |

Die Ausprägungen der einzelnen Reifegrade leiteten sich aus jenen elf existierenden Modellen her, welche Kommunikation, Automatisierungen oder Zusammenarbeit in Unternehmen über Digital- und Mobile Business Solutions thematisieren.[40] Ergänzt wurden diese Angaben mit den Ergebnissen der Studie von Sammer et al. (2014) zum Nutzungsumfang von Mobile Business Solutions in Unternehmen (S. 40-44) sowie den langjährigen praktischen Erfahrungen von zwei befragten Experten (Interview Rükgauer, 2014; Interview Sichler, 2014). Dabei wurde erkannt, dass Unternehmen Mobile Business zunächst oft zur Unterstützung des Vertriebs und des Aussendiensts einsetzen, bevor umfangreichere mobile Unternehmensprozesse bereitstehen, welche ein eigentliches mobiles und flexibles Arbeiten ermöglichen.

---

[40] Vgl. Kap. 4.3 Inhaltliche Analyse, S. 37.

7.2.3 Durchgängigkeit von Mobile Business

Sind Informationen durch Mobile Business Solutions lediglich auf einem neu-
en Kanal und mobilen Endgeräten verfügbar oder werden dadurch neue,
durchgängige Prozesse im Unternehmen überhaupt erst ermöglicht? Diese
zentrale Fragestellung soll durch eine eigene Gestaltungsdimension beleuchtet
werden, die auch untersucht, ob spezifische Funktionen mobiler Endgeräte
und sich daraus ergebende Möglichkeiten in den eigenen Prozessen verwendet werden. Nachfolgende Tabelle 17 zeigt die Ausprägungen in einer Übersicht. Neben der Frage nach dem *Einbezug* verschiedener Prozesse wird als *Gestaltungsobjekt* auch der *Informationsfluss* sowie der Einsatz *mobiler Funktionen*,
etwa Kontextinformationen der Endgeräte, betrachtet.

Tabelle 17: Dimension 2.3 „Durchgängigkeit von Mobile Business"

Dimension: Durchgängigkeit von Mobile Business	
In welchem Ausmass werden durch Mobile Business Solutions neue Prozesse im Unternehmen ermöglicht und inwiefern sind diese „end-to-end" ausgestaltet? Dienen die Solutions nur der Informationsbereitstellung auf einem neuen Kanal oder können damit auch Prozesse ausgeführt und gesteuert werden?	
Gestaltungsobjekt	Beschreibung
Einbezug	Inwiefern schliessen Mobile Business Solutions mehrere Unternehmensprozesse mit ein und ermöglichen Abläufe über Abteilungsgrenzen hinweg?
Informationsfluss	Inwiefern stellen die Mobile Business Solutions im Unternehmen nur neue Kanäle dar? In welchem Ausmass wurden dadurch Prozesse verändert?
Mobile Funktionen	Wie umfangreich verwenden und integrieren die Mobile Business Solutions spezifische Funktionen der mobilen Endgeräte (z.B. GPS-Signal oder Kamera)?

Level	Beschreibung	Ausprägungen der Gestaltungsobjekte
1	In sich geschlossene Insellösungen als zusätzliche Kanäle	• **Einbezug**: Die meisten der vom Unternehmen angebotenen Mobile Business Solutions sind in sich geschlossene Insellösungen, welche isoliert einen Prozess oder eine Aktivität unterstützen. • **Informationsfluss**: Die meisten Mobile Business Solutions bilden nur einen neuen Kanal für bestehende Prozesse, welche vorher papier- oder internetgestützt abliefen. Daten werden in einem One Way-Prinzip vom Unternehmen an Anwender bereitgestellt. Möglichkeiten für Interaktionen, Transaktionen oder eigentliche Prozessausführungen existieren kaum. • **Mobile Funktionen**: Das Potenzial mobiler Endgeräte bleibt weitgehend ungenutzt und deren Spezifika und Eigenschaften werden kaum genutzt.
2	Einfache prozess- und abteilungsübergreifende Solutions	• **Einbezug**: Gewisse Mobile Business Solutions eines Unternehmens greifen integriert verschiedene Prozesse auf und bieten so einfache prozess- und abteilungsübergreifende Anwendungen für Kunden und/oder Mitarbeitende. • **Informationsfluss**: analog 1. • **Mobile Funktionen**: analog 1.
3	Beidseitiger Informationsaustausch durch Mobile Business Solutions	• **Einbezug**: analog 2. • **Informationsfluss**: Verschiedene Mobile Business Solutions erlauben eine beidseitige Interaktion zwischen Unternehmen und Anwendern. Dabei geht es vor allem um den gegenseitigen Informationsaustausch. Das eigentliche Ausführen von Prozessen ist kaum möglich. • **Mobile Funktionen**: analog 2.

4	Prozesstrans-formation mit Nutzung spezifi-scher Mobilfunk-tionen	• **Einbezug**: analog 3. Zusätzlich hat ein bedeutender Teil der Mobile Business Solutions eines Unternehmens durch Neuge-staltung und Verknüpfung von Abläufen gewisse Geschäfts-prozesse erst ermöglicht und diese Prozesse somit transfor-miert. Wo möglich, sind diese für Kunden und Mitarbeitende durchgängig („end-to-end") über Prozessstrukturen hinweg ausgestaltet. • **Informationsfluss**: Ein merklicher Anteil von Mobile Business Solutions im Unternehmen dient zu mehr als nur der blossen Informationsbereitstellung: Die Lösungen erlauben Kunden und/oder Mitarbeitenden auch, eigentliche Prozesse über mo-bile Endgeräte anzustossen, Folgeaktivitäten auszuführen oder Prozesse zu steuern. • **Mobile Funktionen**: Wo sinnvoll, nutzen Mobile Business So-lutions die spezifischen Möglichkeiten mobiler Endgeräte, et-wa durch Einbindung und Verwendung mobiler Kontextinforma-tionen (z.B. GPS-Signal oder Kamerafunktion). So werden Pro-zesse für Anwender vereinfacht oder Teilschritte automatisiert.
5	Multichannel-Prozesstrans-formation und -verknüpfung über Geräte hin-weg	• **Einbezug**: analog 4, wobei die transformierten Prozesse nicht nur für mobile Endgeräte ausgestaltet sind, sondern aus einer Multichannel-Perspektive auch auf weiteren Geräten (z.B. Desktop oder Laptop) funktionieren. Solutions auf unter-schiedlichen Geräten greifen nahtlos ineinander und Anwender können selbst entscheiden, wann sie für welche Prozesse welche Kanäle auf welchem Endgerät verwenden. • **Informationsfluss**: analog 4. • **Mobile Funktionen**: analog 4, wobei die Prozesse auch alter-native Eingabemöglichkeiten vorsehen, falls Anwender Endge-räte ohne entsprechende Funktionen verwenden oder den Zu-griff darauf nicht gestatten.

Acht der 14 inhaltlich analysierten Maturity Models sprachen Themen der Au-tomatisierung und der Durchgängigkeit von Mobile- und Digital Business an.[41] Deren Ausführungen fanden zusammen mit den Erläuterungen von Sammer et al. (2014, S. 127-132) zu Prozessveränderungen durch Mobile Busi-ness Solutions Eingang in dieser Gestaltungsdimension. Eine höhere Reife wird hierbei angenommen, je stärker sich bestehende, nicht-mobile Prozesse

---

[41] Vgl. Kap. 4.3 Inhaltliche Analyse, S. 37.

erweitert oder gar transformiert haben und auch spezifische Kontextinformationen der mobilen Endgeräte in den Prozessen verwendet werden.

Die drei entwickelten Gestaltungsdimensionen zur Prozess-Ebene greifen alle fünf aus existierenden Modellen herausgearbeiteten Themenbereiche auf. Das konstruierte Maturity Model hat insbesondere durch die separate Betrachtung interner, mitarbeiterbezogener und externer, kundenbezogener Solutions eine andere Perspektive eingenommen als bestehende MMs.

7.3 System-Ebene

Aus technologischer Sicht stellen sich bei Mobile Business vor allem Fragen zur Auswahl der Technologie und der technischen Umsetzung entsprechender Solutions. Zudem sollen speziell auch Aspekte der Datensicherheit beleuchtet werden, da dieser Punkt von bestehenden Modellen oft nicht oder nur am Rande berücksichtigt wurde, aber gerade im mobilen Umfeld äusserst zentral erscheint. Nachfolgend werden dazu entsprechend zwei Gestaltungsdimensionen des Maturity Models konstruiert.

7.3.1 Technische Umsetzung von Mobile Business

40 Prozent der untersuchten Modelle zu Mobile- und Digital Business behandeln Aspekte rund um die Integration entsprechender Solutions in die bestehende IT-Infrastruktur oder deren Grad an Standardisierung.[42] Anhand der drei Gestaltungsobjekte *Integration, Modularisierung* und *Standardisierung* soll die Reife des Unternehmens bezüglich technischer Umsetzungsmöglichkeiten geprüft werden. Dabei steht weniger die Frage im Zentrum, ob die eigentliche Entwicklung von Mobile Business Solutions unternehmensintern oder durch Auslagerung an Partner erfolgt, sondern viel mehr, inwiefern Vorgaben an die technische Umsetzung gemacht werden und ob das Thema vom Unternehmen als relevant verstanden wurde. Tabelle 18 zeigt die Ausprägungen der Gestaltungsdimension in den verschiedenen Reifegraden.

---

[42] Vgl. Kap. 4.3 Inhaltliche Analyse, S. 37.

Tabelle 18: Dimension 3.1 „Technische Umsetzung von Mobile Business"

Dimension: Technische Umsetzung von Mobile Business
Wie werden Mobile Business Solutions des Unternehmens umgesetzt und wie stark sind diese in die IT-Infrastruktur integriert? Inwiefern existieren Vorgaben zur Modularisierung und Standardisierung der Solutions?

Gestaltungsobjekt	Beschreibung
Integration	In welchem Umfang sind Mobile Business Solutions in die bestehende IT-Infrastruktur integriert und auch untereinander verknüpft?
Modularisierung	Inwiefern werden Mobile Business Solutions bausteinartig entwickelt, damit einzelne Module auch in anderen Solutions wiederverwendet werden können?
Standardisierung	Inwiefern existieren Vorgaben im Unternehmen zur Entwicklung mobiler Lösungen und zum Einsatz bestimmter Plattformen und Geräte?

Level	Beschreibung	Ausprägungen der Gestaltungsobjekte
1	Insellösungen mit wenig Entwicklungsvorgaben und Integration	• **Integration:** Einzelne Solutions sind als separierte Insellösungen ohne Verknüpfungen untereinander ausgestaltet. • **Modularisierung:** Funktionen von Solutions werden jeweils speziell für den jeweiligen Einsatzbereich entwickelt und nicht innerhalb anderer Lösungen wiederverwendet. • **Standardisierung:** Es existieren kaum Entwicklungsvorgaben zu Betriebssystemen oder Endgeräten, so dass dazu jeweils ad hoc Entscheidungen gefällt werden.
2	Insellösungen mit ersten Ansätzen zu Standardisierungen	• **Integration:** Verschiedene Mobile Business Solutions sind, wo sinnvoll, miteinander verknüpft und verbunden, um durchgehende Anwendungseinsätze zu erlauben. • **Modularisierung:** Gewisse für eigene Anwendungen entwickelte Standardfunktionalitäten (z.B. Login), welche auch in weiteren Mobile Business Solutions des Unternehmens genutzt werden, werden, wenn möglich, aus bestehenden Lösungen wiederverwendet. • **Standardisierung:** Im Unternehmen existieren Vorgaben für welche Betriebssysteme Mobile Business Solutions entwickelt werden. Lösungen für Kunden und externe Stakeholder werden für die von der Zielgruppe bevorzugten Betriebssysteme entwickelt, während sich interne Applikationen an der Plattform der vom Unternehmen vorgegebenen Endgeräte richten.

3	Wahrnehmbare Integration und zunehmende Modularisierung von Solutions	• **Integration**: analog 2. Zusätzlich wird, wo möglich und insbesondere bei internen Solutions auch Single Sign-on geboten, so dass für jene Lösungen mit Login nur eine Anmeldung für alle Funktionen und Solutions erforderlich ist. • **Modularisierung**: analog 2. Zusätzlich werden, wo möglich und sinnvoll, auch Standardmodule von Drittanbietern eingesetzt, um eine schnelle und agile Entwicklung von Mobile Business Solutions zu erlauben. • **Standardisierung**: analog 2. Zusätzlich ist man sich den verschiedene Umsetzungsvarianten mobiler Lösungen bewusst: Je nach Anwendungseinsatz werden nicht nur native Apps entwickelt, sondern auch die Möglichkeiten von mobile Webseiten, hybride Applikationen oder Stand-Alone-Lösungen (spezifische mobile Endgeräte mit nur einer Applikation) berücksichtigt.
4	Datenkonsistenz und interne Öffnung gegenüber Mitarbeitenden	• **Integration**: analog 3. Zusätzlich sind einmal eingegebene Daten über mehrere Solutions hinweg verfügbar. Auch zwischen unterschiedlichen Geräten (wie Laptop, Desktop und mobilen Endgeräten) herrscht Datenkonsistenz. • **Modularisierung**: analog 2, wobei im Unternehmen ein Modularisierungskonzept definiert ist, das Fundament (Gemeinsamkeiten aller mobilen Solutions eines Unternehmens), wiederverwendbare Komponenten und lösungsspezifischen Funktionen unterscheidet. In der erstmaligen Entwicklung gewisser Funktionen wird bereits auf deren Wiederverwendbarkeit geachtet, so dass diese als Bausteine mit klaren Schnittstellen ausgestaltet sind. • **Standardisierung**: analog 3. Zusätzlich öffnet sich das Unternehmen auch intern mobil verstärkt gegenüber Mitarbeitenden. So wird etwa eine Auswahl geschäftlicher Mobilgeräte gegeben unter welcher Mitarbeitende ihr bevorzugtes Gerät wählen können (*„Choose your own Device"*, CYOD), die teilweise private Nutzung geschäftlicher Mobilgeräte erlaubt (*„Corporate owned Personally enabled"*, COPE), oder die Verwendung privater Geräte für geschäftliche Tätigkeiten gestattet (*„Bring your own Device"*, BYOD). Die Entwicklung interner Solutions orientiert sich an der gewählten Richtlinie.

5	Umsetzungen anhand Mobile-Bebauungsplan mit umfassender Integration	• **Integration**: analog 4. Zusätzlich werden, wo sinnvoll, auch Drittanwendungen, in die Solutions integriert oder Daten mit diesen ausgetauscht, um umfassende mobile Lösungen zu bieten. • **Modularisierung**: analog 4. • **Standardisierung**: analog 4. Zusätzlich gibt es ein Mobile-Bebauungsplan oder eine -Roadmap, welche Standards bezüglich mobiler Architektur festlegt und strukturiert definiert, wann welche Funktionen mobilisiert werden und welches Verhältnis einzelne Solutions zueinander haben.

Inhaltlich leiteten sich die Ausprägungen zunächst aus jenen acht bestehenden Maturity Models zu Digital- und Mobile Business her, welche die Integration oder die Standardisierung adressierten. Ergänzt wurden diese Angaben durch Ausführungen von IBM (2013) zur Integration von Mobile Business in die IT-Infrastruktur (S. 7) sowie die Erkenntnisse von Sammer et al. (2014) zu technologischen „Musthaves" von Mobile Business Solutions und unterschiedlichen technologischen Umsetzungsmöglichkeiten (S. 143-150).

Innerhalb der höheren Reifegrade wird auch auf den „Bring your own Device"-Trend (BYOD) eingegangen, welche die Nutzung privater Hardware im Unternehmen adressiert (Sammer et al., 2014, S. 69). Dieser Aspekt wird von verschiedenen Studien als relevant erachtet (z.B. Walter et al., 2012, S. 76; Buckellew et al., 2013, S. 11; Vetter, 2013, S. 4-5), das Thema wird in der Praxis allerdings kontrovers diskutiert, wie verschiedene Experteninterviews zeigten (z.B. Interview Rükgauer, 2014; Interview Sichler, 2014; Interview Ottino, 2014). Das Maturity Model verlangt deshalb nicht zwingend eine BYOD-Strategie, sondern setzt für eine höhere Reife vielmehr voraus, dass sich das Unternehmen mobil verstärkt gegenüber Mitarbeitenden öffnet und sich mit dem Trend auseinandergesetzt hat. Neben BYOD sind somit weitere Formen denkbar, wie das Bereitstellen eine Auswahl mobiler Endgeräte von denen Mitarbeitende selber das bevorzugte wählen können („Choose your own Device", CYOD), oder die erlaubte Nutzung geschäftlicher Geräte auch für gewisse private Zwecke („Corporate owned Personally Enabled", COPE) (Disterer & Kleiner, 2014).

7.3.2 Sicherheitsmechanismen für Mobile Business

Das Thema Security war in mehreren Umfragen und Studien des IT- und Beratungsunternehmens IBM in den letzten Jahren wiederholt die grösste Herausforderung bezüglich Mobile Business (IBM, 2013, S. 5): Sicherheitsbedenken sind oftmals die grössten Barrieren bei der Mobilisierung von Unternehmen. Umso mehr überrascht es, dass lediglich drei der 14 existierenden untersuchten Maturity Models auf Sicherheitsaspekte eingehen,[43] weshalb im vorliegenden Modell dazu eine eigene Gestaltungsdimension entwickelt wurde. Analog der Strukturierung innerhalb der Prozess-Ebene, befasst sich die Sicherheits-Dimension einerseits mit der Datensicherheit interner Lösungen, also *Mitarbeiter-Mechanismen*, und andererseits mit der Sicherheit öffentlich verfügbarer Solutions, also *Kunden-Mechanismen*. Beachtung wird ausserdem der Existenz eines übergeordneten *Sicherheitskonzepts* geschenkt, wie die Ausprägungen in nachfolgender Tabelle 19 zeigen.

Tabelle 19: Dimension 3.2 „Sicherheitsmechanismen für Mobile Business"

Dimension: Sicherheitsmechanismen für Mobile Business	
Wie werden mobile Lösungen und die verwendeten Daten geschützt? Inwiefern existieren Sicherheitskonzepte und -mechanismen?	
Gestaltungsobjekt	Beschreibung
Sicherheitskonzept	In welchem Umfang werden Vorgaben an die Sicherheit von Mobile Business Solutions gemacht und inwiefern werden diese auch getestet und überprüft?
Kunden-Mechanismen	Wie sind Mobile Business Solutions für Kunden und andere externe Anspruchsgruppen sowie darüber ausgetauschte Daten geschützt?
Mitarbeiter-Mechanismen	Wie werden unternehmensinterne Mobile Business Solutions und sensible Daten auf mobilen Endgeräten von Mitarbeitenden geschützt?

---

[43] Vgl. Kap. 4.3 Inhaltliche Analyse, S. 37.

Level	Beschreibung	Ausprägungen der Gestaltungsobjekte
1	Keine Anforderungen an Datensicherheit und kein Sicherheitskonzept	• **Sicherheitskonzept**: Ein mobiles Sicherheitskonzept ist nicht definiert. • **Kunden-Mechanismen**: Es bestehen keine Anforderungen an die Datensicherheit und es existieren keine speziellen Sicherheitsmechanismen. • **Mitarbeiter-Mechanismen**: Intern wird den Mitarbeitenden empfohlen, ihre mobilen Geräte über einen Geräte-PIN zu schützen. Weitergehende Sicherheitsvorgaben existieren nicht.
2	Grundlegende Sicherheitsmechanismen durch geschützte Datenübertragung	• **Sicherheitskonzept**: Ein allgemeines IT-Sicherheitskonzept existiert. Dieses findet auch Anwendung auf den Bereich Mobile Business ohne dass die Besonderheiten mobiler Endgeräte berücksichtigt werden. • **Kunden-Mechanismen**: Bei Solutions für Kunden, welche einen Datenaustausch erlauben, findet eine verschlüsselte Übertragung statt. • **Mitarbeiter-Mechanismen**: analog 1. Zusätzlich werden Daten über eine verschlüsselte Verbindung übertragen, sind auf den Endgeräten aber sonst nicht weiter speziell geschützt.
3	Sicherheitskonzept für Mobile Business, intern zusätzlich mit MDM-Lösung	• **Sicherheitskonzept**: Zentrale Sicherheitsregelungen für Mobile Business Solutions sind definiert. Diese machen Entwicklungsvorgaben und können auch Werte bestimmter Entwicklungsparameter der Solutions definieren, um Sicherheitslücken zu schliessen. • **Kunden-Mechanismen**: analog 2. Zusätzlich werden Nutzer um Zugriffserlaubnis gefragt, wenn die mobilen Applikationen auf weitere Funktionen der Endgeräte (z.B. für Kontextinformationen) oder darauf gespeicherte Daten (z.B. Adressbuch) zugreifen möchten. • **Mitarbeiter-Mechanismen**: analog 2. Zusätzlich werden unternehmenseigene mobile Endgeräte, sofern vorhanden, durch eine Mobile Device Management (MDM) Software verwaltet. So können etwa Daten, Anwendungen und Konfigurationseinstellungen zentral verteilt, gesichert, überwacht und geschützt werden.

| 4 | Extern und intern klare Sicheheitsvorgaben mit regelmässigen Audits | • **Sicherheitskonzept**: analog 3. Zusätzlich werden die eigenen Sicherheitskonzepte regelmässig überprüft und es findet ein externes Auditing der Sicherheitsinfrastruktur sowie Penetrationstests der Mobile Business Solutions durch Spezialisten statt.
• **Kunden-Mechanismen**: analog 3.
• **Mitarbeiter-Mechanismen**: analog 3. Zusätzlich wird im Unternehmen, wo möglich und sinnvoll, der Zugriff von Mitarbeitenden auf Mobile Business Solutions durch Secure Container geschützt: Durch Authentifizierung erhalten Anwender Zugang zum Container, in welchem sich isoliert vom restlichen System des Endgeräts ein verschlüsselter Datenspeicher und eine virtuelle Laufzeitumgebung befinden. |
| 5 | Umfangreiche Sicherheitsvorgaben sowie definierte Vorgehen bei Updates | • **Sicherheitskonzept**: analog 4. Zusätzlich sind Vorgehen definiert, wie mit bestehenden Solutions bei Updates des verwendeten mobilen Betriebssystems oder bei Bekanntwerden von Sicherheitslücken vorzugehen ist.
• **Kunden-Mechanismen**: analog 4.
• **Mitarbeiter-Mechanismen**: analog 4. |

Da, wie bereits erwähnt, nur wenige existierende Maturity Models auf Sicherheitsmechanismen von Mobile Business eingehen, wurden zur Entwicklung dieser Gestaltungsdimension insbesondere die Ausführungen von Sammer et al. (2014, S. 156-160) zur Verwendung unterschiedlicher Sicherheitskonzepte herangezogen. Zusätzlich wurden die Erkenntnisse und Empfehlung aus zwei aktuellen Studien des Fraunhofer Instituts (Heider, 2014, S. 5-9) und des IT-Marktforschungsinstituts Gartner (Shetty, 2014) herangezogen. Durch Ergänzungen aus den Interviews mit Praxisvertretern konnten die Ausprägungen weitgehend bestätigt und teilweise noch ergänzt werden. Insbesondere wertvoll waren dazu die Experten-Feedbacks von Rükgauer und Sichler, welche sich beide in ihrer täglichen Arbeit mit Unternehmenskunden, resp. innerhalb eines grossen Konzerns, mit Sicherheitsfragen im Mobilbereich beschäftigen und sehr detaillierte Einblicke gewährten (Interview Rükgauer 2014; Interview Sichler 2014).

Ein abschliessender inhaltlicher Abgleich mit den 14 analysierten existierenden Maturity Models zeigt, dass in der System-Ebene das dort genannten Themenfeld *Solutions* nicht direkt Eingang in das eigene Modell fand. Diese

Dimension leitete sich insbesondere aus den untersuchten Digital Business MMs her, welche verschiedene digitale Einsatzgebiete, wie Webseite, E-Commerce, Social Media etc. ansprachen. Im mobilen Umfeld ist eine solche Unterteilung nach Ansicht des Autors kaum vorzunehmen, da die Einsatzvielfalt von Mobile Business Solutions sehr breit ist und eine Dimension *Solutions* daher kaum gestaltbar wäre. In der Prozess-Ebene wurden zudem bereits verschiedene Lösungsfelder im Bereich der *Kunden-* und *Mitarbeiter-Prozesse* angesprochen, so dass der Bereich bereits vertieft berücksichtigt wurde.

7.4 Kultur-Ebene

Innerhalb der breit gefassten kulturellen Ebene des Maturity Models geht es in erster Linie um den „Faktor Mensch" (Sammer et al., 2014, S. 175) und den Einfluss von Kultur, Führung, Verhalten, Kommunikation, Macht und Sozialkompetenzen auf die Akzeptanz und das Verständnis von Mobile IT in Unternehmen. In den inhaltlich analysierten Modellen wurden diese Aspekte wesentlich seltener angesprochen als die Themenkreise anderer Ebenen.[44] Gerade dieser Bereich ist aber im Sinne des *St. Galler Business Engineering-Ansatzes* zentral für das Change Management (Österle, 2007, S. 77): Da es sich bei Mobile Business um ein nach wie vor sehr junges und dynamisches Themenfeld handelt, scheint eine Berücksichtigung essenziell und entsprechend werden nachfolgend dazu zwei Gestaltungsdimensionen konstruiert.

7.4.1 Kompetenzen zu Mobile Business

Wie Sammer et al. (2014) in ihrer Fallstudienuntersuchung erkannten, wird Mobile Business auch von grossen Konzernen oft mit Agenturen und Beratungspartnern angegangen, während die unternehmensinterne IT lediglich die Rolle des Daten-Hosters innehat. Begründet wird dieses Vorgehen insbesondere mit der intern fehlenden fachlichen Expertise (S. 175-176). Know-how und Fähigkeiten zum Themengebiet scheinen daher absolut zentral und wer-

---

[44] Vgl. Kap. 4.3 Inhaltliche Analyse, S. 37.

den auch von einem Drittel der untersuchten existierenden Maturity Models adressiert.[45] Entsprechend soll sich eine Gestaltungsdimension mit den *Kompetenzen zu Mobile Business* im Unternehmen beschäftigen, deren Ausprägungen in nachfolgender Tabelle 20 ersichtlich sind.

Tabelle 20: Dimension 4.1 „Kompetenzen zu Mobile Business"

Dimension:	Kompetenzen zu Mobile Business
	In welchem Ausmass sind Know-how und Fähigkeiten zu Mobile Business im Unternehmen vorhanden? Wie weit ist permanentes Lernen zu Mobile Business institutionalisiert?
Gestaltungsobjekt	Beschreibung
Fachliche Fähigkeiten	Wie viel fachliches und konzeptionelles Wissen existiert im Unternehmen zu Mobile Business?
Projektmanagement	Inwiefern haben beteiligte Personen und Teams im Unternehmen auch Fähigkeiten zum Management von Mobile Business-Projekten?
Weiterbildung	In welchem Ausmass wird im Unternehmen Wissen zu Mobile Business gefördert? Inwiefern werden technologische Entwicklungen und Trends verfolgt?

Level	Beschreibung	Ausprägungen der Gestaltungsobjekte
1	Kaum Wissen und weitgehende Abhängigkeit von externen Partnern	• **Fachliche Fähigkeiten**: Wenn Mobile Business Solutions entwickelt werden, ist das nur durch Zuzug externer Partner möglich. Intern existiert kaum Wissen zu Mobile Business. • **Projektmanagement**: Da intern zu wenig Erfahrung mit Mobile Business vorhanden ist, werden entsprechende Projekte durch externe Partner betreut und geleitet. • **Weiterbildung**: Know-how im Bereich Mobile Business wird im Unternehmen nicht oder kaum auf- und ausgebaut.
2	Basiswissen existiert und Weiterbildungen zu dessen Ausbau werden gefördert	• **Fachliche Fähigkeiten**: Intern ist grundlegendes Verständnis zu Möglichkeiten von Mobile Business in Unternehmen vorhanden, so dass konzeptionelle Arbeiten durch Fachbereiche unterstützt werden können. • **Projektmanagement**: analog 1. • **Weiterbildung**: Die konzeptionelle Weiterbildung zu Mobile Business wird bewusst gefördert, indem Mitarbeitende der Fachabteilungen etwa regelmässig an entsprechenden Seminaren und Konferenzen teilnehmen oder Fachliteratur studieren.

---

[45] Vgl. Kap. 4.3 Inhaltliche Analyse, S. 37.

3	Verständnis mobiler Besonderheiten und Möglichkeiten sind vorhanden	• **Fachliche Fähigkeiten**: analog 2. Zusätzlich existiert in Fachbereichen auch Wissen zu Benutzerfreundlichkeit und Usability, damit schlanke und durch Einfachheit überzeugende Solutions entwickelt werden, welche den Besonderheiten mobiler Endgeräte entsprechen. • **Projektmanagement**: analog 2. • **Weiterbildung**: analog 2.
4	Urteilsfähigkeit zu Mobile Business, so dass Projektleitung auch intern möglich ist	• **Fachliche Fähigkeiten**: In den Fachbereichen existiert genügend Sachverständnis zu Mobile Business (analog 3) um mit externen Partnern auf Augenhöhe zu diskutieren und Entscheide zu Mobile Business und entsprechenden Solutions zu fällen. Weitergehendes technisches Expertenwissen ist entweder intern oder in Zusammenarbeit mit Partnern vorhanden. • **Projektmanagement**: Die Leitung und Steuerung von Mobile Business-Projekten ist unternehmensintern möglich. Die Entwicklung und der Betrieb von Solutions erfolgt intern, extern oder kombiniert. • **Weiterbildung**: analog 3. Zusätzlich werden auch Mitarbeitende ausserhalb der Fachbereiche dazu motiviert, sich grundlegendes Wissen zu Mobile Business und dessen Möglichkeiten anzueignen.
5	Grosses Fachwissen im Unternehmen auch zu Trends und neuen Technologien	• **Fachliche Fähigkeiten**: analog 4. Zusätzlich ist Wissen zu Mobile Business im Unternehmen immer mehr verteilt: Dezentral gibt es in verschiedenen Abteilungen und Teams Mitarbeitende mit vertiefter Expertise zum Thema. • **Projektmanagement**: analog 4. • **Weiterbildung**: analog 4. Zusätzlich findet im Sinne eines Trendscoutings auch eine aktive Auseinandersetzung mit aufkommenden mobilen Technologien und Trends statt: So werden regelmässig und systematisch neue Gerätetypen, Betriebssysteme oder andere Solutions ausprobiert und auf Einsatzmöglichkeiten untersucht. So ist sichergestellt, dass neue Entwicklungen und Technologien schnell eingeführt und beherrscht werden.

Die Gestaltungsdimension wurde basierend auf den fünf existierenden Maturity Models, welche die Expertise berücksichtigen, ausgearbeitet und insbesondere ergänzt um die Erkenntnisse aus der Studie von Sammer et al. (2014) zur Rolle der unternehmenseigenen IT (S. 185-188) sowie zu Service und Support von Mobile Business (S. 205-206). Auf Grund des Feedbacks aus der Praxis wurden insbesondere fachlich-konzeptionelle Kompetenzen berücksichtigt: Vier von sechs befragten Experten betonten explizit, dass es eine untergeordnete Rolle spielt, ob die technische Entwicklung von Mobile Business Solutions unternehmensintern oder durch spezialisierte Partner erfolgt, da die Entscheidung zu In- oder Outsourcing von technischen Entwicklungen oftmals auch vom Zeitgeist und von IT-Trends abhängig ist. Als entscheidend gilt vielmehr, ob unternehmensintern fachliche Fähigkeiten und ein technisches Grundverständnis vorhanden sind, so dass die Urteilsfähigkeit als entscheidende Kompetenz gilt (Interview Kaltenrieder 2014; Möller, 2014; Interview Ottino 2014; Interview Sichler 2014).

7.4.2 Anwenderakzeptanz von Mobile Business

Die Akzeptanz von Mobile Business Solutions bei Anwendern, egal ob Mitarbeitende oder Kunden, entscheidet darüber, ob diese auch genutzt werden. Die Offenheit gegenüber solchen Lösungen und die Unterstützung durch weite Teile des Unternehmens sind entscheidende Faktoren, welche in existierenden Maturity Models nur sehr vereinzelt angesprochen werden. Innerhalb der Gestaltungsdimension Anwenderakzeptanz sollen daher folgende drei als überaus relevant eingeschätzte *Gestaltungsobjekte* betrachtet werden: Wie erfolgt die *Kommunikation* von Mobile Business Solutions gegenüber Anwendern? Inwiefern erfolgt eine *Einbeziehung* der Benutzer in die (Weiter-)Entwicklung der Lösungen? Wie gross ist die *Nutzung* von Mobile Business bei unternehmensexternen und –internen Anwendern? Tabelle 21 zeigt die Ausprägungen der Gestaltungsdimension im Detail.

Tabelle 21: Dimension 4.2 „Anwenderakzeptanz von Mobile Business"

Dimension: Anwenderakzeptanz von Mobile Business
Wie verbreitet ist der Einsatz von Mobile Business sowohl im Unternehmen als auch bei Kunden und weiteren Anwendern? Wie können Nutzer Feedback an Solutions anbringen und inwiefern werden Benutzer in die (Weiter-)Entwicklung einbezogen?

Gestaltungsobjekt	Beschreibung
Kommunikation	Wie wird Mobile Business gegenüber Anwendern kommuniziert und beworben um ein Bewusstsein für den Einsatz entsprechender Solutions zu schaffen?
Einbeziehung	Wie stark werden Bedürfnisse und Rückmeldungen von Anwendern zu Mobile Business Solutions berücksichtigt?
Nutzung	Welche Verbreitung haben Mobile Business Solutions bei Anwendern? Wie natürlich ist die Verwendung der entsprechenden Lösungen für die Nutzer?

Level	Beschreibung	Ausprägungen der Gestaltungsobjekte
1	Unklare Akzeptanz von Mobile Business und kaum Integration von Anwendern in die Entwicklung	• **Kommunikation:** Existierende Mobile Business Solutions werden nur spärlich kommuniziert und beworben. • **Einbeziehung:** Rückmeldungen von Anwendern zu Mobile Business Solutions werden für Weiterentwicklungen nicht systematisch berücksichtigt. Diese werden Mitarbeitenden, Kunden und weiteren Anwendern als fertige Lösungen bereitgestellt, eine aktive Einbindung von Benutzern in die Entwicklung findet kaum statt. • **Nutzung:** Nur eine kleine Teilmenge der adressierten Anwender-Zielgruppe verwendet die Lösungen auch. Weder intern von Mitarbeitenden noch extern von Kunden werden diese konsequent und regelmässig eingesetzt.
2	Kommunikation entwickelter Solutions und Berücksichtigung von Kundenfeedback in der Weiterentwicklung	• **Kommunikation:** Die Existenz von Mobile Business Solutions wird intern und extern kommuniziert. Weitere Anstrengungen um die Nutzung zu fördern, werden nicht vorgenommen. • **Einbeziehung:** Mobile Business Solutions werden Anwendern als fertige Lösungen vorgesetzt (analog 1), wobei externe Feedbacks zu Lösungen für Kunden (z.B. über Bewertungen in App Stores) für Verbesserungen und Erweiterungen berücksichtigt werden. Für interne Solutions existieren nur bedingt Feedbackkanäle und Änderungs- und Verbesserungsvorschläge von Mitarbeitenden werden nur beschränkt beachtet. • **Nutzung:** analog 1.

3	Gute Akzeptanz interner Solutions dank Management-Commitment	• **Kommunikation:** analog 2, wobei insbesondere bei internen Anwendungen ein (Top-)Management-Commitment zu Mobile Business vorliegt und die Verwendung entwickelter Solutions durch Mitarbeitende gefördert und erwartet wird. • **Einbezug:** analog 2. Zusätzlich stehen auch Mitarbeitenden für Rückmeldungen zu internen Solutions festgelegte Feedbackkanäle zur Verfügung und deren Kommentare und Vorschläge werden beachtet. • **Nutzung:** Intern eingesetzte Mobile Business Solutions werden wegen Vorgaben und Erwartungen von Vorgesetzten von einem bedeutenden Teil der Mitarbeitenden regelmässig verwendet. Externe Solutions für Kunden werden nur von einem beschränkten Anwenderkreis genutzt (analog 1).
4	Intern und extern gute Akzeptanz dank Kommunikationsmassnahmen und offener Entwicklung	• **Kommunikation:** analog 3. Zusätzlich werden insbesondere mobile Applikationen für Kunden umfangreich in die weiteren Marketing- und Kommunikationsmassnahmen des Unternehmens integriert und aktiv beworben. • **Einbezug:** analog 3. Zusätzlich werden Methoden zur aktiven Einbindung von Kunden und Mitarbeitenden in die Entwicklung verwendet. Dazu können beispielsweise Interviews zur Anforderungsermittlung, Anwenderbeobachtungen, Lead User-Ansätze, Persona-Definitionen oder Labortests von Prototypen gehören. • **Nutzung:** analog 3. Zusätzlich werden dank Marketing- und Kommunikationsanstrengungen auch kundengerichtete Solutions von einem bedeutenden Teil der Zielgruppe regelmässig eingesetzt.
5	Grosse Akzeptanz und Natürlichkeit der Verwendung von Mobile Business Solutions	• **Kommunikation:** analog 4. • **Einbezug:** analog 4. Zusätzlich werden insbesondere unternehmensintern auch Crowdsourcing-Ansätze eingesetzt. Damit werden Ideen für Features gesammelt, die Bedürfnisermittlung unterstützt, Anwender ins Testing integriert oder generell der Entwicklungsprozess geöffnet. • **Nutzung:** Unternehmensinterne und -externe Mobile Business Solutions erreichen dank Vorgaben und Marketing einen bedeutenden Teil der Zielgruppe (analog 4). Zusätzlich werden die Solutions von den Anwendern aber auch gerne eingesetzt, weil ihnen diese einen Mehrwert bringen und der Umgang damit natürlich und selbstverständlich geworden ist.

Zur Ausgestaltung dieser Dimension wurden einerseits jene vier bestehenden Maturity Models zu Digital- oder Mobile Business herangezogen, welche die

Offenheit, die Unterstützung oder die eigentliche Benutzerakzeptanz thematisieren, und andererseits die Erkenntnisse von Sammer et al. (2014) zur Rolle der Mitarbeitenden in Mobile Business-Projekten (S. 181-185) sowie zum Monitoring der Nutzung entsprechender Solutions (S. 206-208) berücksichtigt. Übereinstimmend mit den befragten Experten, wird dabei eine höhere Reife angenommen, je offener die Kommunikation mit Anwendern erfolgt und je institutionalisierter deren Einbezug in die Entwicklung mobiler Lösungen ist (Interview Möller, 2014; Interview Ottino, 2014).

Ein thematischer Vergleich mit den untersuchten existierenden Maturity Models zeigt, dass mit Ausnahme von *Leadership* alle genannten Gestaltungsdimensionen ins eigene Modell aufgenommen wurden. Zur Führung wurde keine eigene Dimension entwickelt, weil dieser Bereich nach Ansicht des Verfassers bereits in verschiedenen anderen Dimensionen unterschwellig angesprochen wird: Insbesondere bei den drei Gestaltungsdimensionen der *Strategie-Ebene* zeigt sich, wie die Unternehmensführung mit Mobile Business umgeht. Eine weitere Dimension schien daher obsolet und hätte das Modell auch Sicht des Autors der Arbeit nur verkompliziert.

7.5 Gesamtbetrachtung des entwickelten Modells

Wie in der Evaluation des Modells erkannt,[46] sorgten die ursprünglichen *Bezeichnungen der Reifegrade* anhand der fünf Stufen der Innovationsdiffusion für Unklarheiten. Daher wurden nun eigene Benennungen entworfen. Diese versuchen, den Inhalt und die Ausprägungen des jeweiligen Reifegrads in einem Begriff wiederzugeben und die generelle Haltung eines Unternehmens bezüglich Mobile Business in einem bestimmten Reifegrad zu verdeutlichen. Tabelle 22 zeigt diese Bezeichnungen mit einer beschreibenden Definition in einer Übersicht.

---

[46] Vgl. Kap. 6.3 Erkenntnisse aus den Experteninterviews, S. 59.

Tabelle 22: Die fünf Reifegrade des Mobile Business Maturity Models

Geringe Mobilität	Reaktive Mobilität	Situative Mobilität	Strategische Mobilität	Integrale Mobilität
1	2	3	4	5

Reifegrad	Beschreibung
1. Geringe Mobilität	Mobile Business hat für das Unternehmen weder intern noch extern Relevanz. Entsprechende Aktivitäten und Projekte sind, wenn überhaupt, unstrukturiert und undefiniert. Die nötigen IT-Fähigkeiten und -Ressourcen sind kaum vorhanden und auch kulturell wird der Trend zu Mobilität nicht berücksichtigt.
2. Reaktive Mobilität	In einzelnen Bereichen und Abteilungen des Unternehmens wurde begonnen, sich mit Mobile Business auseinanderzusetzen und erste mobile Lösungen zu entwickeln. Damit wird vor allem auf das Marktumfeld und sich verändernde Erwartungen von Kunden und Mitarbeitenden reagiert. Die entwickelten Insellösungen geniessen jedoch eher geringe Akzeptanz bei Anwendern.
3. Situative Mobilität	Die Bedeutung von Mobile Business wurde im Unternehmen erkannt. Mit Mobilität wird nicht mehr nur auf die Konkurrenzsituation reagiert, sondern dank zunehmender Kompetenzen werden situativ auch integrierte Lösungen geschaffen, welche mobile Prozessausführungen ermöglichen.
4. Strategische Mobilität	Mobile Business wird im Unternehmen als strategisch wichtig wahrgenommen und ist organisatorisch und kulturell gut abgestützt. In Kunden- und Mitarbeiterprozessen werden zunehmend auch spezifische mobile Funktionen eingesetzt, so dass diese digital transformiert werden.

5. Integrale Mobilität	Für Mobile Business ist nicht mehr nur eine spezielle Fachabteilung zuständig, sondern ein einsetzendes Empowerment in der Organisation macht Mobilität generell zu einem integralen Treiber des gesamten Unternehmens. Mobile Business wird in vielen Bereichen übergreifend und umfassend eingesetzt und auch in die Leistungen des Unternehmens integriert. Anwender nutzen die entsprechenden Solutions gerne, weil diese ihnen einen echten Mehrwert bieten.

Nachfolgende Tabelle 23 zeigt die zehn Gestaltungsdimensionen mit den definierenden Objekten in den Ebenen der *St. Galler Business Engineering-Landkarte* (Baumöl, 2007, S. 48). Die einzelnen Ebenen sind farblich unterschiedlich, um deren Gruppierung zu Themenblöcken besser zu verdeutlichen. Zudem sind die Ausprägungen der einzelnen Dimensionen in den fünf Reifegraden in Kurzform beschrieben.

Tabelle 23: Mobile Business Maturity Model in der finalen Version

Ebene	Dimension	Objekte	Reifegrad				
			1 Geringe Mobilität	2 Reaktive Mobilität	3 Situative Mobilität	4 Strategische Mobilität	5 Integrale Mobilität
Strategie	Bedeutung	• Einfluss • Investitionen • Dokumentation	Keine strategische Bedeutung, evtl. einzelne Insellösungen	Bedeutung in IT oder Marketing erkannt, keine übergeordnete Mobile Strategie	Relevanz erkannt, in der IT-Strategie wird Mobile technisch thematisiert	Mobile Business Strategie zu Technologie und organisatorischen Aspekten	Strategie mit Verständnis von Mobile als wichtigem Differenzierungsfaktor
	Organisation	• Verankerung • Koordination • Verantwortlichkeiten	Einzelinitiativen ohne organisatorische Verankerung	In sich geschlossene Projekte zur Entwicklung von Mobile Business Solutions	Lose unternehmensweite Organisation des Themas Mobile Business	Strategische Rolle oder Stelle zur Governance von Mobile Business	Einsetzendes Empowerment des ganzen Unternehmens zu Mobile Business
	Performance Management	• Ziele • Messung • Benchmarking	Weder Zieldefinition noch Leistungsmessung	Qualitative Nutzenbegründung und simple Zielmessung	Qualitative und quantitative Zielsetzung mit Monitoring der Performance	Umfangreiche Nutzenbegründung mit Performance- und App Store-Monitoring	Umfassende Nutzenbegründung mit Monitoring und Benchmarking
Prozesse	Kunden-prozesse	• Kaufphase • Nutzungsphase • Weitere Stakeholder	Keine Mobile Solutions oder nur mobil abrufbare Marketinginstrumente	Mobil optimierte oder responsive entwickelte Unternehmens-Webseite	Mobile Produktkäufe und Serviceleistungen durch Kunden möglich	Mobile Integration von Kunden in die Leistungserstellung sowie Solutions für weitere Stakeholder	Verbesserung / Erweiterung bestehender Produkte durch Verknüpfung mit mobilen Endgeräten
	Mitarbeiter-prozesse	• Management-prozesse • Geschäftsprozesse • Unterstützungs-prozesse	Mobile Verfügbarkeit von Organisationsfunktionen wie E-Mail oder Kalender	Mobile Informationen für Management und Sales sowie mobiler Intranet-Zugriff	Mobile Bearbeitung von Dokumenten sowie Unterstützung von Kundenservice und Aussendienst	Umfangreiche mobile Prozesse für reibungslose Kommunikation und Zusammenarbeit	Mobile Unternehmensprozesse mit direkter Integration von Lieferanten und Partnern

Ebene	Dimension	Objekte	Reifegrad 1 Geringe Mobilität	2 Reaktive Mobilität	3 Situative Mobilität	4 Strategische Mobilität	5 Integrale Mobilität
Systeme	Durchgängigkeit	• Einbezug • Informationsfluss • Mobile Funktionen	In sich geschlossene Insellösungen als zusätzliche Kanäle	Einfache prozess- und abteilungsübergreifende Solutions	Prozessausführungen durch Mobile Business Solutions	Prozesstransformation mit Nutzung spezifischer Mobilfunktionen	Multichannel-Prozesstransformation und -verknüpfung über Geräte hinweg
Systeme	Technische Umsetzung	• Integration • Modularisierung • Standardisierung	Insellösungen mit wenig Entwicklungsvorgaben und Integration	Insellösungen mit ersten Ansätzen zu Standardisierungen	Wahrnehmbare Integration und zunehmende Modularisierung von Solutions	Datenkonsistenz und interne Öffnung gegenüber Mitarbeitenden	Umsetzungen anhand Mobile-Bebauungsplan mit umfassender Integration
Systeme	Sicherheitsmechanismen	• Sicherheitskonzept • Kundenmechanismen • Mitarbeitermechanismen	Keine Anforderungen an Datensicherheit und kein Sicherheitskonzept	Grundlegende Sicherheitsmechanismen durch geschützte Datenübertragung	Sicherheitskonzept für Mobile Business, intern zusätzlich mit MDM-Lösung	Extern und intern klare Sicherheitsvorgaben mit regelmässigen Audits	Umfangreiche Sicherheitsvorgaben sowie definierte Vorgehen bei Updates
Kultur	Kompetenzen	• Fachliche Fähigkeiten • Projektmanagement • Weiterbildung	Kaum Wissen und weitgehende Abhängigkeit von externen Partnern	Basiswissen existiert und Weiterbildungen zu dessen Ausbau werden gefördert	Verständnis mobiler Besonderheiten und Möglichkeiten sind vorhanden	Urteilsfähigkeit zu Mobile Business, so dass Projektleitung auch intern möglich ist	Grosses Fachwissen im Unternehmen auch zu Trends und neuen Technologien
Kultur	Anwenderakzeptanz	• Kommunikation • Einbeziehung • Nutzung	Unklare Akzeptanz von Mobile Business und kaum Integration von Anwendern in die Entwicklung	Kommunikation entwickelter Solutions und Berücksichtigung von Kundenfeedback im Ausbau	Gute Akzeptanz interner Solutions dank Management-Commitment	Intern und extern gute Akzeptanz dank Kommunikationsmassnahmen und offener Entwicklung	Grosse Akzeptanz und Natürlichkeit der Verwendung von Mobile Business Solutions

Abschliessend werden einige Ausführungen zum Transfer des Maturity Models an interessierte wissenschaftliche und praktische Kreise gemacht.

7.6 Transfer des Maturity Models und Transfermedien

Neben der Veröffentlichung des vorliegenden Mobile Business Maturity Models im Rahmen einer Master-Arbeit an der Universität St. Gallen (HSG), wurde ein Excel-basiertes Assessment-Werkzeug als weiteres Transfermedium entwickelt. Dieses soll eine Selbstbeurteilung der Mobile Business Maturity durch interessierte Personen aus der Praxis ermöglichen, indem anhand eines Fragebogens eine direkte Auswertung der Reife vorgenommen wird.

Das Excel-Tool setzt sich dabei aus 30 Fragen zusammen. Diese wurden aus den Gestaltungsobjekten der zehn Dimensionen hergeleitet, wie sie in diesem Kapitel präsentiert wurden. Teilweise wurden leichte Anpassungen an der Formulierung vorgenommen, um eine direktere Ansprache der auszufüllenden Person zu ermöglichen. Zu jeder Frage ist die jeweils zutreffendste Antwort zu wählen. Die Antwortmöglichkeiten entsprechen dabei den Ausprägungen der Gestaltungsobjekte in den einzelnen Reifegraden. Der jeweils tiefste Wert der drei Gestaltungsobjekte einer Dimension wird schliesslich als Reifegrad der entsprechenden Dimension verwendet: Werden beispielsweise in der strategischen Gestaltungsdimension *Bedeutung von Mobile Business* die Objekte mit 4 für *Einfluss*, 5 für *Investitionen* und 3 für *Dokumentation* bewertet, wird der Dimension insgesamt der Reifegrad 3 zugeordnet. Diese Berechnung begründet sich damit, dass im Sinne des entwickelten Modells alle Objekte eines bestimmten Reifegrads kumulativ erfüllt sein müssen, um die entsprechende Stufe zu erreichen.

Aus den zehn Gestaltungsdimensionen leiten sich so je zehn Dimensions-Reifegrade her. Diese werden übersichtlich in einem Spinnendiagramm aufbereitet, so dass direkt ersichtlich ist, in welchen Dimensionen die eigene Reife noch nicht gleich weit entwickelt ist, wie in anderen. Die Gesamtreife wird schliesslich aus diesen zehn Werten anhand des gerundeten Median ermittelt. Damit entspricht das Modell auch dem von Experten mehrmals genannten

Wunsch nach Prägnanz und Einfachheit:[47] Anhand einer Zahl zwischen 1 und 5 und einem entsprechenden Reifegrad-Begriff ist direkt ersichtlich, wie reif ein Unternehmen bezüglich der digitalen Transformation durch Mobile IT ist. Da es sich bei dieser einen Zahl um eine starke Vereinfachung der Realität handelt, erlaubt insbesondere das Spinnendiagramm zusätzlich vertiefte Rückschlüsse auf Entwicklungspotenziale in einzelnen Dimensionen. Nachfolgende Abbildung 9 zeigt zwei Ausschnitte des Assessment-Werkzeugs.

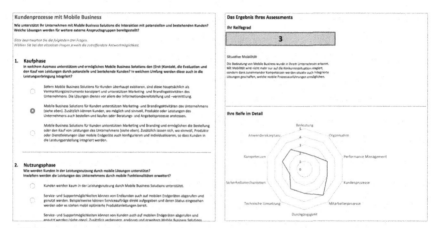

Abbildung 9: Ausschnitte des Excel-basierten Assessment-Werkzeugs

Bei der Erarbeitung des Assessment-Werkzeugs wurde darauf geachtet, dass dessen Anwendung einfach verständlich ist. Interessierte Kreise sollen ihre Mobile Business-Reife ohne umfangreiche Instruktionen über eine klare und strukturierte Eingabemaske ermitteln können. Jede Dimension wird in einem eigenen Arbeitsblatt behandelt zwischen denen mit Hyperlinks navigiert werden kann. Die einzelnen Dimensionen wurden ja nach Zugehörigkeit zu einer der vier Ebenen auch farblich leicht unterschiedlich ausgestaltet, um eine möglichst angenehme Anwendung zu ermöglichen. Das Assessment-Werkzeug kann direkt von http://fyayc.com/mobile-maturity oder auf der Produktseite des Buches unter www.springer.com heruntergeladen werden.

---

[47] Vgl. Kap. 6 Evaluation des entwickelten Mobile Business Maturity Models, S. 53.

8 Diskussion der Ergebnisse

Im Folgenden werden die Ergebnisse der vorliegenden Arbeit kritisch gewürdigt. Dabei soll das entwickelte Mobile Business Maturity Model reflektiert, sowie das Konzept von Maturity Models im Allgemeinen beurteilt werden.

8.1 Reflexion des entwickelten Mobile Business Maturity Models

Zusätzlich zur vorgenommenen empirischen Evaluation des Mobile Business Maturity Models mit sechs Experteninterviews,[48] wird das entwickelte MM nachfolgend nochmals in dessen Gesamtkontext kritisch beleuchtet. Betrachtet wird zunächst das gewählte methodische Vorgehen, bevor auf das eigentlich konstruierte Modell eingegangen wird.

Die Methodik mit dem Festlegen von fünf Reifegraden und vorgegebenen Ausprägungen pro Stufe[49] kann aus wissenschaftlicher Sicht kritisch beurteilt werden. Obwohl solche qualitativen Verfahren zur Entwicklung von Maturity Models wesentlich häufiger verwendet werden als *quantitative Vorgehensweisen*,[50] existiert von Lahrmann et al. (2011, S. 182-183) auch eine entsprechende Methodik, welche den Rasch-Algorithmus nutzt. Dabei erfolgt die Modellkonstruktion, indem einzelne Gestaltungsobjekte durch eine Grundgesamtheit des Empfängerkreises des Modells in einer Umfrage bewertet werden, um daraus „einfachere" und „schwierigere" Items zu erkennen. Die Zuordnung einzelner Ausprägungen zu den Reifegraden wird so objektiviert, da diese quantitativ hergeleitet werden. Nach Ansicht des Autors sind solche Modelle von der Praxis aber oftmals nur schwer verständlich, da bei einer Selbstbeurteilung kaum nachvollziehbar ist, welche Items zu welcher Reife führen. Gleichzeitig ist auch nicht direkt zu erkennen, welche weiteren Anforderungen erfüllt sein

---

[48] Vgl. Kap. 6 Evaluation des entwickelten Mobile Business Maturity Models, S. 53.
[49] Vgl. Kap. 3 Methodisches Vorgehen, S. 19.
[50] Vgl. Kap. 2.4 Maturity Models, S. 12.

müssten, um den nächsthöheren Reifegrad zu erreichen. Vor dem Hintergrund, dass gewisse Experten selbst vom vorliegenden Modell eine noch prägnantere Version gewünscht hatten,[51] scheint ein *einfach anzuwendendes Reifegradmodell* ein Praxisbedürfnis zu sein. Das konstruierte MM nimmt diesen Wunsch auf, indem mit der gewählten Struktur sehr klar und schnell verständlich ist, welche Bedingungen erfüllt sein müssen, um ein bestimmtes Maturity Level zu erreichen.

Ein weiterer Einwand ist dahingehend zu machen, dass es sich bei Mobile Business um ein *Gebiet* handelt, *das sich nach wie vor sehr schnell weiterentwickelt.* Insofern ist es fraglich, inwiefern fest definierte Ausprägungen pro Reifegrad mit den Entwicklungen in der Praxis mithalten können. Ein Anpassen kann sehr schnell nötig werden, was mit einem quantitativen Ansatz einfacher machbar wäre: Über eine erneute Umfrage würde sich dort die Beurteilung der Items verändern und die Reifegrade des Modells könnten neu kalibriert werden. In der Tat weist das entwickelte Modell hier gewisse Einschränkungen auf. Allerdings wäre denkbar, dass das vorliegende Mobile Business Maturity Model im Rahmen einer Weiterentwicklung in eine Umfrageform überführt wird und die Gestaltungsobjekte von der Praxis bewertet werden. So liessen sich die Inhalte auch in ein quantitatives Modell übertragen, das dann allerdings nicht mehr gleich einfach verständlich wäre. Durch die Evaluation des vorliegenden Maturity Models mit sechs Experten ist dieses trotzdem als empirisch validiert anzusehen.

Generell ist festzuhalten, dass sich das Vorgehen nach Becker et al. (2009, S. 217-221) und Neff et al. (2014, S. 897-899) als geeignet für die vorliegende Problemstellung erwies. Gerade die umfangreiche *Berücksichtigung existierender Modelle* zu Mobile Business erscheint dem Autoren äusserst wertvoll: Bei einem Themengebiet, das noch vergleichsweise jung ist und von der Praxis bereits wesentlich intensiver bearbeitet wird als von der Forschung,[52] hilft der Einbezug dieser bestehenden Modelle, um relevante Gestaltungsdimensionen zu identifizieren.

---

[51] Vgl. Kap. 6.3 Erkenntnisse aus den Experteninterviews, S. 57.
[52] Vgl. Kap. 4.2 Methodische Analyse, S. 34.

Wie bereits in der Evaluation erkannt, ist die *St. Galler Business Engineering-Landkarte* (Baumöl, 2007, S. 48) als Grundgerüst des Modells kritisch zu beurteilen: Insbesondere die *Prozess-Ebene* wird oftmals nicht so verstanden, wie sie von Baumöl (2007), resp. Österle (2007) angedacht wurde. So scheint in der Praxis der Begriff *„Operative Ebene"* besser verständlich. Im vorliegenden Modell wurde dieser Einwand dahingehend berücksichtigt, als dass die entsprechenden Dimensionen bereits in ihren Bezeichnungen klar auf Kunden, resp. auf Mitarbeitende eingehen. So werden die Inhalte dieser Ebene schnell sichtbar und trotzdem lassen sich die originalen Begriffe des Bezugsmodells verwenden. Diese Rückmeldung aus der Praxis scheint auch interessant hinsichtlich aktuell geplanter Weiterentwicklungen der Business Engineering-Landkarte: Am Institut für Wirtschaftsinformatik der Universität St. Gallen (IWI-HSG) wird aktuell ein „St. Galler House of Digital Business" entwickelt, das zusätzlich zu den vier existierenden Ebenen eine *User-, Use-, Utility-Centricity* und eine *Leistungssicht* vorsieht (Leimeister et al., 2014). Insbesondere das Praxisbedürfnis nach einfachen und verständlichen Modellen könnte dieser Erweiterung entgegenlaufen: Es stellt sich die Frage, ob die zusätzlichen Kategorien wirklich nötig sind, oder ob die dortigen Inhalte nicht auch in eine der vier bestehenden Ebenen Platz finden würden. Aus den Feedbacks der befragten Experten scheinen die bestehenden vier Ebenen als Grundgerüst eines Reifegradmodells bereits als genug kompliziert wahrgenommen zu werden. Wenn pro Ebene noch ein oder mehrere Gestaltungsdimensionen hinzukommen, könnte gerade in der Praxis schnell die Gefahr bestehen, dass die Auseinandersetzung mit einem solchen Modell als zu zeitintensiv wahrgenommen wird.

8.2 Kritische Würdigung von Maturity Models im Allgemeinen

Neben einer Beurteilung der selbst entwickelten Modells soll auch das Konzept von Maturity Models hinterfragt werden. Allgemein stellt sich dabei insbesondere die Frage, ob eine *höhere Reife gleichzusetzen ist mit „besser".* Dieser Zusammenhang wurde bereits verschiedentlich kritisch hinterfragt (z.B. Poeppelbuss et al., 2011, S. 519-520) und empirisch konnten bisher kaum entsprechende Belege gefunden werden, dass eine höhere Reife auch zu verbesserter Leistung oder höherem Unternehmenswert führt (Mullaly, 2014, S. 169). Unabhängig von der empirischen Wirksamkeit von Maturity Models, stellt sich zudem auch die Frage, ob *der höchste Reifegrad für jedes Unternehmen das ultimative Ziel* sein soll: Kann es je nach Umfeldsituation und Marktlage allenfalls lohnenswerter sein, nicht der Erste zu sein?

Weiter besteht auch das Risiko, dass die Realität in einem Maturity Model *zu stark vereinfacht* wurde, oder deren Elemente nicht oder *nur bedingt empirisch begründet* werden können (Poeppelbuss et al. 2011, S. 519-520). Dieser Kritikpunkt ist nach Ansicht des Autors beim vorliegenden Modell nicht zutreffend. Durch Berücksichtigung der *St. Galler Business Engineering-Landkarte* (Baumöl, 2007, S. 48) wurde auf einen ganzheitlichen Bezugsrahmen gesetzt, der bereits verschiedentlich angewendet wurde und als erprobt gilt. Die *empirische Begründung* ergibt sich im Mobile Business Maturity Model einerseits durch die Evaluation mit sechs Experten, andererseits sind verschiedene der existierenden MMs ebenfalls validiert worden oder entstammen der Praxis, so dass das eigene Modell eine solide empirische Basis aufweist.

Die eingangs dieses Kapitels genannten generellen Aspekte treffen nicht nur auf das vorliegende Maturity Model zu, sondern stellen vielmehr das Konzept als solches in Frage. Nach Ansicht des Autors ist das Verständnis von Anwendern eines Maturity Models zu deren Möglichkeiten und Grenzen entscheidend. Maturity Models können nicht als Rezepte für erfolgreiche Unternehmen verstanden werden: Die Modelle zeichnen keinen linearen Entwicklungspfad, dem jedes Unternehmen einfach so folgen sollte, da *unternehmens-, branchen- oder marktspezifische Besonderheiten* von einem Maturity Model nicht speziell berücksichtigt werden. Entsprechend müssen sich Anwender bewusst sein, dass sie die Ergebnisse immer vor der eigenen Situation reflektieren müssen, um daraus Veränderungen abzuleiten. Trotzdem können Maturity Models helfen, eine eigene Standortbestimmung vorzunehmen. Insbesondere in Gebieten, wie Mobile Business, die nach wie vor relativ jung und sehr dynamisch sind, können solche Modelle Ansatzpunkte zur eigenen Orientierung bieten. Auf diesen Aspekt wurde auch verschiedentlich von den befragten Experten hingewiesen.

9 Schlussfolgerungen und Diskussion

Zum Abschluss der vorliegenden Arbeit werden die zentralen Erkenntnisse nochmals zusammengefasst und daraus Implikationen für die weitere Forschung sowie für die Anwendung in der Praxis genannt. Eine Beurteilung der Grenzen dieser Arbeit sowie ein Ausblick beschliessen dieses Kapitel und damit auch diese Arbeit.

9.1 Zusammenfassung der Erkenntnisse

Die vorliegende Master-Arbeit setzte sich mit der *digitalen Transformation von Unternehmen durch Mobile IT* auseinander und versuchte in diesem Zusammenhang ein *Maturity Model* zu entwickeln, mit welchem Unternehmen eine Standortbestimmung bezüglich *Mobile Business* vornehmen können. Die Modellkonstruktion berücksichtigte dabei einerseits bestehende Maturity Models zum Thema und verwandten Gebieten, andererseits wurde das auf der Theorie basierende Modell durch Interviews mit Experten für Mobile Business evaluiert.

Damit die Entwicklung des Maturity Models überhaupt möglich war, wurden in einem ersten konzeptionellen Teil die nötigen *wissenschaftlichen Grundlagen* erarbeitet. So wurden zunächst die zentralen Begriffe Mobile Business, Digital Business und Business Transformation definiert und in Bezug gesetzt, bevor darauf aufbauend das methodische Vorgehen festgelegt und die Bedeutung von Maturity Models in diesem Zusammenhang erarbeitet wurde. Dann wurde schliesslich eine umfangreiche *Literaturrecherche und –auswertung* zu Maturity Models des Themengebiets durchgeführt, welche insgesamt 20 bestehende Modelle zu Mobile- und Digital Business berücksichtigte. Diese wurden sowohl hinsichtlich ihrer Methodik und als auch bezüglich ihres Inhalts analysiert. Mit dieser Basis erfolgte die *Entwicklung einer ersten Version* des Modells. Dessen Inhalte und Ausprägungen wurden dann anhand von *sechs Expertenin-*

terviews mit Unternehmensvertretern aus der Schweiz und Deutschland evaluiert und reflektiert. Deren Rückmeldungen wurden in den Erweiterungen des MMs berücksichtigt und eine *finale Version* entwickelt. Als Transfermedium für die Praxis wurde schliesslich ein Excel-basiertes Assessment-Werkzeug erstellt, das interessierten praktischen Kreisen eine einfache Anwendung ermöglichen soll. Dieses kann direkt von http://fyayc.com/mobile-maturity oder auf der Produktseite des Buches unter www.springer.com heruntergeladen werden. Abschliessend erfolgte eine kritische *Diskussion* der Ergebnisse.

Das entwickelte Mobile Business Maturity Model lehnt sich strukturell an der *St. Galler Business Engineering-Landkarte* an: In dessen vier Ebenen *Strategie, Prozesse, Systeme* und *Kultur* sind die insgesamt *zehn Gestaltungsdimensionen* des Modells gruppiert. Jeweils drei Gestaltungsobjekte pro Dimension dienen als Beurteilungskriterien: Mit unterschiedlichen Ausprägungen pro Reifegrad erlauben diese Objekte, die eigene Reife in jeder Dimension zu bestimmen. Daraus wird eine von fünf Gesamtreifegraden ermittelt: *Geringe Mobilität* (Reifegrad 1), *Reaktive Mobilität* (2), *Situative Mobilität* (3), *Strategische Mobilität* (4) und *Integrale Mobilität* (5).

9.2   Implikationen für Theorie und Praxis

Obwohl Mobile Business als noch junges Themenfeld einzuordnen ist, wird es für immer mehr Unternehmen und Branchen entscheidend, sich mit der digitalen Transformation durch Mobile IT auseinanderzusetzen. Durch die sehr dynamischen Entwicklungen in diesem Gebiet, scheint aber oftmals noch keine ganzheitliche Sichtweise eingenommen zu werden und primär die technische Ebene beachtet. Das entwickelte *Mobile Business Maturity Model* soll hier helfen, das Thema aus einer systematischen, integralen Sichtweise wahrzunehmen. Neben der technologischen Perspektive werden dabei auch strategische, prozessuale und kulturelle Aspekte berücksichtigt. Das Modell dient insbesondere der *Reflexion der eigenen Situation* und unterstützt beim *Erkennen von Veränderungsbedarf* im Unternehmen.

Insbesondere *mittleren und grossen Unternehmen* wird empfohlen, sich mit dem Maturity Model auseinanderzusetzen und damit die eigene Reife im Umgang mit Mobile Business zu ermitteln. Die *Selbstbeurteilung* sollte dabei durch einen Entscheidungsträger erfolgen, welcher sowohl technisches als auch strategisches Verständnis mitbringt. Sollte noch keine expliziten Verantwortlichkeiten zu Mobile Business existieren, ist auch eine gemeinsame Bearbeitung durch einen IT- und einen Marketing-Verantwortlichen empfehlenswert. Da die digitale Transformation durch Mobile IT unternehmensinterne Mitarbeiterprozesse ebenso betrifft wie die unternehmensexternen Beziehungen zu Kunden und die Leistungserbringung, sind beide Sichtweisen bedeutsam.

Die Forschung zu Mobile Business ist nach wie vor eher dünn gesät. Die Erarbeitung des vorliegenden Dokuments zeigte, dass Studien von Beratungs- und Technologieunternehmen das Themenfeld dominieren. Insofern ist ein *grosses Forschungspotenzial* für die Wissenschaft auszumachen, welches die vorliegende Arbeit nur in Teilaspekten beleuchten konnte. So bieten sich verschiedene direkte Anknüpfungspunkte an das konstruierte Maturity Model, wie dessen *Weiterentwicklung* von einem qualitativ bestimmten zu einem *quantitativ ermittelten Modell*. Dabei wäre auch eine *differenzierte Betrachtung unterschiedlicher Branchen und Unternehmensgrössen* spannend, um Maturity Models zu entwickeln, welche genauer auf die Bedürfnisse des jeweiligen Adressatenkreises zutreffen. Denkbar wären auch *zwei spezifische Modelle* für die interne Mobilisierung von Mitarbeitenden, resp. für den externen Einsatz von Mobile IT für und bei Kunden. Auch eine Weiterentwicklung des Maturity Models, das nicht nur eine Standortbestimmung vornimmt, sondern auch *Empfehlungen oder gar Handlungsanweisungen* gibt, wäre eine aus praktischer Sicht überaus wertvolle Erweiterung. Ebenfalls interessant scheint eine Untersuchung, ob *Unternehmen mit einem hohen Reifegrad* die digitale Transformation auch tatsächlich *erfolgreicher* meistern.

9.3   Grenzen der Arbeit und Ausblick

Die Ergebnisse der vorliegenden Arbeit wurden im Entwicklungsprozess mehrmals kritisch reflektiert. Vertieft diskutiert wurden etwa die *Evaluation des entwickelten Modells* wie auch die *gewählte Vorgehensmethode* und das generelle *Konzept von Maturity Models*. Insgesamt kann der Schluss gezogen werden, dass diese Master-Arbeit gleichzeitig den theoretischen Ansprüchen einer wissenschaftlichen Arbeit und den Bedürfnissen der Praxis gerecht wird. Durch die Berücksichtigung beider Perspektiven sind jedoch auf beiden Seiten gewisse Grenzen auszumachen. So wäre ein quantitativ ermitteltes Modell aus wissenschaftlicher Sicht breiter abgestützt, der *qualitative Aufbau des vorliegenden Modells* ist hingegen aus praktischer Perspektive durch die klare Struktur und Transparenz der Ausprägungen begrüssenswert.

Gleichzeitig stellen *Maturity Models kein Allerweltsmittel* dar und dürfen auch nicht so verstanden werden. Unternehmen, welche sich nicht bewusst und ganzheitlich mit Mobile Business auseinandersetzen, können trotzdem erfolgreich am Markt agieren. Genauso ist die alleinige Beschäftigung mit dem Thema noch kein Garant für gewinnbringende Resultate. Eine gezielte *Auseinandersetzung mit Mobile Business* kann allerdings vielversprechende und wegweisende Strukturen schaffen, welche das Fundament bilden, damit ein nachhaltig erfolgreicher Umgang mit digitaler Transformation möglich ist. Mobilität ist längst im Alltag der Menschen angekommen und hat Nutzungsgewohnheiten radikal verändert. Unternehmen können sich diesen Entwicklungen immer weniger verschliessen. Eine proaktive Auseinandersetzung zahlt sich deshalb für alle Unternehmen aus, wie auch Michael Porter bereits 2001 über das Verhältnis von Strategie und Internet erklärte:

> *The next stage of the Internet's evolution will involve a shift in thinking from e-business to business, from e-strategy to strategy. Only by integrating the Internet into overall strategy will this powerful new technology become an equally powerful force for competitive advantage.*
> (Porter, 2001, S. 78)

Literaturverzeichnis

Accenture. (2011). *Thinking Strategically about Mobility: A roadmap for life sciences companies.* New York: Autor.

Alpar, P., Alt, R., Bensberg, F., Grob, H. L., Weimann, P. & Winter, R. (2014). Unternehmen in der vernetzten Welt. In *Anwendungsorientierte Wirtschaftsinformatik: Strategische Planung, Entwicklung und Nutzung von Informationssystemen* (7. Aufl., S. 100–118). Wiesbaden: Springer.

Antoniades, P. (2014). SOA, Maturity Models, SOA MM and Relevant Work. In J. Becker (Hrsg.), *SOA Maturity Model: A Delphi-Derived Proposal for Inter-Enterprise Setups* (S. 9–17). Cham: Springer.

Azhari, P., Faraby, N., Rossmann, A., Steimel, B. & Wichmann, K. S. (2014). *Digital Transformation Report 2014.* Köln: neuland.

Bächle, M. & Lehmann, F. R. (2010). *E-Business: Grundlagen elektronischer Geschäftsprozesse im Web 2.0.* München: Oldenbourg.

Back, A. (2012). Vorwort. In T. Walter (Hrsg.), *Mobile Business Solutions Studie 2012: Best Practices, Barrieren und Chancen von Enterprise Mobility im deutschsprachigen Raum* (S. 7). Dresden: T-Systems Multimedia Solutions.

Back, A. & Haager, C. (2011). Assessing Degrees of Web-2.0-ness for Websites: Model and Results for Product Websites in the Pharmaceutical Industry. In *Proceedings of the 24th Bled eConference, Bled, Slovenia* (S. 321–333).

Basole, R. C. & Rouse, W. B. (2007). Mobile Enterprise Readiness and Transformation. In D. Taniar (Hrsg.), *Encyclopedia of Mobile Computing and Commerce* (S. 481–486). Hershey, PA: IGI Global.

Baumöl, U. (2008). *Change Management in Organisationen: Situative Methodenkonstruktion für flexible Veränderungsprozesse.* Wiesbaden: Gabler.

Baumöl, U. & Jung, R. (2014). Rekursive Transformation: Entwicklung der Business Engineering-Landkarte. In W. Brenner & T. Hess (Hrsg.), *Wirtschaftsinformatik in Wissenschaft und Praxis: Festschrift für Hubert Österle* (S. 41–49). Berlin, Heidelberg: Springer.

Becker, J., Knackstedt, R. & Pöppelbuß, J. (2009). Developing Maturity Models for IT Management. *Business & Information Systems Engineering, 1*(3), 213–222.

Berman, S. J. (2012). Digital transformation: opportunities to create new business models. *Strategy & Leadership, 40*(2), 16–24.

Bharadwaj, A., El Sawy, O. A., Pavlou, P. A. & Venkatraman, N. (2013). Digital Business Strategy: Toward a Next Generation of Insights. *MIS Quarterly, 37*(2), 471–482.

Bieger, T., Schuh, G., Friedli, T., Tomczak, T., Fahrni, F. & Reinecke, S. (2004). Struktur der Geschäftsprozesse. In R. Dubs, D. Euler, J. Rüegg-Stürm & C. E. Wyss (Hrsg.), *Einführung in die Managementlehre* (S. 61–113). Bern: Haupt.

Böcker, J. & Klein, M. (2012). *ICT-Innovationen erfolgreich nutzen: Wie Sie Wettbewerbsvorteile für Ihr Unternehmen sichern*. Wiesbaden: Springer.

Briggs, B., Chacharon, S., Khan, S. & Brinker, M. (2013, Dezember). The Mobile Chasm: Bridging the Gap between Expecations and the As-Is. *Deloitte Review*, 4–19.

Buckellew, P., Custis, K., Esposito, R. & Lesser, E. (2013). *The "upwardly mobile" enterprise: Setting the strategic agenda*. Somers, NY: IBM Institute for Business Value.

Bulander, R. (2011). Herausforderungen im Social CRM und Mobile Business. In Deutscher Dialogmarketing Verband e.V. (Hrsg.), *Dialogmarketing Perspektiven 2010/2011: Tagungsband 5. wissenschaftlicher interdisziplinärer Kongress für Dialogmarketing* (S. 87–107). Wiesbaden: Gabler.

Büllingen, F., Hillebrand, A. & Schäfer, R. (2010). *Nachfragestrukturen und Entwicklungspotenziale von Mobile Business-Lösungen im Bereich KMU: Studie im Rahmen der SimoBIT-Begleitforschung* (S. 1–161). Bad Honnef: WIK-Consult.

Curran, C., DeGarmo, T. & Sviokla, J. (2014). *The five behaviors that accelerate value from digital investments: 6th Annual Digital IQ Survey* (S. 1–16). London: PwC.

De Bruin, T., Freeze, R., Kaulkarni, U. & Rosemann, M. (2005). Understanding the main phases of developing a maturity assessment model. In *Proceedings of the 16th Australasian Conference on Information Systems (ACIS), Sydney, Australia.*

De Reuver, M., Bouwman, H. & Haaker, T. (2009). Mobile business models: organizational and financial design issues that matter. *Electronic Markets, 19*(1), 3–13.

De Smet, A., Schaninger, B. & Smith, M. (2014). The hidden value of organizational health — and how to capture it. *McKinsey Quarterly*, 69–79.

Deloitte. (2013). *Digitalisierung im Mittelstand* (S. 1–32). Hannover: Autor.

Depaoli, P. & Za, S. (2013). Towards the Redesign of e-Business Maturity Models for SMEs. In R. Baskerville, M. De Marco, & P. Spagnoletti (Hrsg.), *Designing Organizational Systems: An Interdisciplinary Discourse* (Bd. 1, S. 285–300). Berlin, Heidelberg: Springer.

Disterer, G. & Kleiner, C. (2014). Compliance von mobilen Endgeräten. *HMD Praxis Der Wirtschaftsinformatik, 51*(3), 307–318.

Fenwick, N. & Gill, M. (2014). *The Future Of Business Is Digital: The Powerful Advantages of Embracing Dynamic Ecosystems of Value.* Cambridge, MA: Forrester Research.

Fitzgerald, M., Kruschwitz, N., Bonnet, D. & Welch, M. (2013). Embracing Digital Technology: A New Strategic Imperative (S. 1–12). Cambridge, MA: MIT Sloan Management Review.

Friedel, D. & Back, A. (2012). Determination of Enterprise 2.0 Development Levels with a Maturity Model. In *Proceedings of the 6th IADIS Multi Conference on Computer Science and Information Systems Conference MCCSIS, Lisbon, Portugal.*

Glaser, P. (2014). Die Geschichte der Vernetzung. In K. Frick & B. Höchli (Hrsg.), *Die Zukunft der vernetzten Gesellschaft: Neue Spielregeln, neue Spielmacher* (S. 7–11). Rüschlikon (ZH): GDI Gottlieb Duttweiler Institute.

Hafeez, K., Keoy, K. H. & Hanneman, R. (2006). E-business capabilities model: Validation and comparison between adopter and non-adopter of e-business companies in UK. *Journal of Manufacturing Technology Management, 17*(6), 806–828.

Hain, S. & Back, A. (2011). Towards a Maturity Model for E-Collaboration - A Design Science Research Approach. In *Proceedings of the 44th Hawaii International Conference on System Sciences (HICSS)* (S. 1–10).

Hamidian, K. & Kraijo, C. (2013). DigITalisierung – Status quo. In F. Keuper, K. Hamidian, E. Verwaayen, T. Kalinowski, & C. Kraijo (Hrsg.), *Digitalisierung und Innovation: Planung - Entstehung - Entwicklungsperspektiven* (S. 3–23). Wiesbaden: Springer.

Hanna, N. K. (2010). *Enabling Enterprise Transformation: Business and Grassroots Innovation for the Knowledge Economy.* New York: Springer.

Harvard Business Review Analytical Services [Harvard Business Review] & SAP. (2012a). *How Mobility Is Transforming Industries.* Watertown, MA: Autor.

Harvard Business Review Analytical Services [Harvard Business Review] & SAP. (2012b). *How Mobility Is Changing the Enterprise.* Watertown, MA: Autor.

Hauk, J. & Penkert, A. (2014). Digitale Transformation – Kundenservice zwischen Kostendruck und Kundenerlebnis. In M. Bruhn & K. Hadwich (Hrsg.), *Service Value als Werttreiber: Konzepte, Messung und Steuerung* (S. 467–486). Wiesbaden: Springer.

Heider, J. (2014). *Appicaptor Security Index: Ergebnisauszug für iOS-Apps*. Darmstadt: Fraunhofer Institut für Sichere Informationstechnologie (SIT).

IBM Global Technology Services [IBM]. (2013). *Building the mobile enterprise: integrated, secure and productive - A checklist for putting mobile first in your organization* (S. 1–12). Somers, NY: Autor.

iDeers Consulting. (2013). *Der Digital Business Index (DBI)*. Berlin: Autor.

Institut für Handelsforschung an der Universität zu Köln [IFH]. (2006). *Katalog E: Definitionen zu Handel und Distribution* (5. Aufl.). Köln: Autor.

Jahn, B. & Pfeiffer, M. (2014). Die digitale Revolution – Neue Geschäftsmodelle statt (nur) neue Kommunikation. *Marketing Review St. Gallen, 31*(1), 79–93.

Jin, D., Chai, K.-H., & Tan, K.-C. (2014). New service development maturity model. *Managing Service Quality, 24*(1), 86–116.

KPMG. (2014). *Digitale Transformation in der Schweiz*. Zürich: Autor.

Krybus, I. (2008). Mobile Business — Strategie und Erfolgsfaktoren für den Mittelstand. In P. Letmathe, J. Eigler, F. Welter, D. Kathan & T. Heupel (Hrsg.), *Management kleiner und mittlerer Unternehmen: Stand und Perspektiven der KMU-Forschung* (S. 373–387). Wiesbaden: Gabler.

Lahrmann, G. & Marx, F. (2010). Systematization of Maturity Model Extensions. In R. Winter, J. L. Zhao & S. Aier (Hrsg.), *Global Perspectives on Design Science Research: Proceedings of the 5th International Conference, DESRIST 2010, St. Gallen, Switzerland* (Bd. 6105, S. 522-525). Berlin, Heidelberg: Springer.

Lahrmann, G., Marx, F., Mettler, T., Winter, R., & Wortmann, F. (2011). Inductive Design of Maturity Models: Applying the Rasch Algorithm for Design Science Research. In H. Jain, A. Sinha, & P. Vitharana (Hrsg.), *Service-Oriented Perspectives in Design Science Research: Proceedings of the 6th International Conference, DESRIST 2011, Milwaukee, WI, USA* (Bd. 6629, S. 176–191). Berlin, Heidelberg: Springer.

Lahrmann, G., Marx, F., Winter, R. & Wortmann, F. (2010). Business intelligence maturity models: an overview. In *VII Conference of the Italian Chapter of AIS (itAIS 2010). Italian Chapter of AIS, Naples.*

Land, K.-H. (2014). *Digital Readiness Index 2014: Executive Summary*. Köln: neuland & Wirtschaftswoche.

Leimeister, J. M., Winter, R., Brenner, W. & Jung, R. (2014). *Research Program „Digital Business & Transformation HSG"* (University of St. Gallen's Institute of Information Management Working Paper, Nr. 1). St. Gallen: Institute of Information Management, University of St. Gallen.

Linnhoff-Popien, C. & Verclas, S. (2012). Mit Business-Apps ins Zeitalter mobiler Geschäftsprozesse. In S. Verclas & C. Linnhoff-Popien (Hrsg.), *Smart Mobile Apps: Mit Business-Apps ins Zeitalter mobiler Geschäftsprozesse* (S. 3–16). Berlin, Heidelberg: Springer

Loebbecke, C. (2006). Digitalisierung — Technologien und Unternehmensstrategien. In C. Scholz (Hrsg.), *Handbuch Medienmanagement* (S. 357–373). Berlin, Heidelberg: Springer.

Maier, A. M., Moultrie, J. & Clarkson, P. J. (2012). Assessing Organizational Capabilities: Reviewing and Guiding the Development of Maturity Grids. *IEEE Transactions on Engineering Management, 59*(1), 138–159.

Marshall, S. (2013). *From intranet to digital workplace: How to evolve your strategy*. London: Digital Workplace Group.

Marx, F. (2011). *Entwicklung eines Reifegradmodells zur IT-Unterstützung der Unternehmensführung*. Dissertation, Universität St. Gallen (HSG), Nr. 3970.

Marx, F., Wortmann, F. & Mayer, J. H. (2012). A Maturity Model for Management Control Systems: Five Evolutionary Steps to Guide Development. *Business & Information Systems Engineering, 4*(4), 193–207.

McQuivey, J. (2012). *Digital Disruption: Unleashing the Next Wave of Innovation*. Las Vegas, NV: Amazon.

Meier, A. & Stormer, H. (2012). *eBusiness & eCommerce: Management der digitalen Wertschöpfungskette* (3. Aufl.). Berlin, Heidelberg: Springer.

Mettler, T. (2009). *A design science research perspective on maturity models in information systems* (BE IWI/HNE, Nr. 3). St. Gallen: Institute of Information Management, University of St. Gallen.

Mettler, T. (2010). *Supply Management im Krankenhaus - Konstruktion und Evaluation eines konfigurierbaren Reifegradmodells zur zielgerichteten Gestaltung*. Dissertation, Universität St. Gallen (HSG), Nr. 4081.

Mettler, T., Rohner, P. & Winter, R. (2010). Towards a Classification of Maturity Models in Information Systems. In A. D'Atri, M. De Marco, A. M. Braccini & F. Cabiddu (Hrsg.), *Management of the Interconnected World — ItAIS: The Italian Association for Information Systems* (S. 333–340). Berlin, Heidelberg: Physica.

Meuser, M. & Nagel, U. (2009). Das Experteninterview — konzeptionelle Grundlagen und methodische Anlage. In S. Pickel, G. Pickel, H.-J. Lauth & D. Jahn (Hrsg.), *Methoden der vergleichenden Politik- und Sozialwissenschaft: Neue Entwicklungen und Anwendungen* (S. 465–479). Wiesbaden: VS Verlag für Sozialwissenschaften.

Mithas, S. & Lucas, H. C. J. (2010). What is Your Digital Business Strategy? *IT Professional Magazine, 12*(6), 4–6.

Möller, J. (2013). *Multichannel: Anspruchsvoll für den Handel, überraschend einfach für den Kunden.* München: foryouandyourcustomers.

Mullaly, M. (2014). If maturity is the answer, then exactly what was the question? *International Journal of Managing Projects in Business, 7*(2), 169–185.

Neff, A. a., Hamel, F., Herz, T. P., Uebernickel, F., Brenner, W. & vom Brocke, J. (2014). Developing a Maturity Model for Service Systems in Heavy Equipment Manufacturing Enterprises. *Information & Management, 51*(7), 895–911.

Ofner, M. H. (2013). *Datenqualitätsmanagement aus Prozessperspektive: Methoden und Modelle.* Dissertation, Universität St. Gallen (HSG), Nr. 4168.

Olanrewaju, T., Smaje, K. & Willmott, P. (2014). *The seven habits of highly effective digital enterprises.* London: McKinsey & Company.

Österle, H. (2007). Business Engineering - Geschäftsmodelle transformieren. In P. Loos & H. Krcmar (Hrsg.), *Architekturen und Prozesse: Strukturen und Dynamik in Forschung und Unternehmen* (S. 71–84). Berlin, Heidelberg: Springer.

Österle, H. & Blessing, D. (2005). Ansätze des Business Engineering. *HMD - Praxis Der Wirtschaftsinformatik, 44*(241), 7–17.

Österle, H., Höning, F. & Osl, P. (2011). *Methodenkern des Business Engineering: Ein Lehrbuch.* St. Gallen: Institut für Wirtschaftsinformatik der Universität St. Gallen (IWI-HSG).

Paradkar, S., Dixit, S., Arfi, I. & Singh, P. (2012). *Building Mobile Enabled Enterprises.* San Francisco, CA: BPTrends.

Poeppelbuss, J., Niehaves, B., Simons, A. & Becker, J. (2011). Maturity Models in Information Systems Research: Literature Search and Analysis. *Communications of the Association for Information Systems, 29*(1), 505–532.

Porter, M. E. (2001). Strategy and the Internet. *Harvard Business Review, 79*(3), 62–78.

Porter, M. E. (2014). *Wettbewerbsvorteile: Spitzenleistungen erreichen und behaupten* (8. Aufl.). Frankfurt: Campus.

Purchase, V., Parry, G., Valerdi, R., Nightingale, D. & Mills, J. (2011). Enterprise Transformation: Why Are We Interested, What Is It, and What Are the Challenges? *Journal of Enterprise Transformation, 1*(1), 14–33.

PwC. (2013). *Profitable growth in the digital age: Unleash your potential*. London: PwC.

Raber, D. (2013). *Reifegradmodellbasierte Weiterentwicklung von Business Intelligence im Unternehmen*. Dissertation, Universität St. Gallen (HSG), Nr. 4232.

Reineke, R.-D. & Bock, F. (2007). B. In R.-D. Reineke & F. Bock (Hrsg.), *Gabler Lexikon Unternehmensberatung* (S. 27–58). Wiesbaden: Gabler.

Rogers, E. M. (2003). *Diffusion of Innovations* (5. Aufl.). New York: Free Press.

Rosemann, M. & De Bruin, T. (2005). Towards a Business Process Management Maturity Model. In *Proceedings of the Thirteenth European Conference on Information Systems (ECIS 2005)*.

Rüegg-Stürm, J. (2004). Das neue St. Galler Management-Modell. In R. Dubs, D. Euler, J. Rüegg-Stürm, & C. E. Wyss (Hrsg.), *Einführung in die Managementlehre* (S. 65–141). Bern: Haupt.

Sammer, T., Back, A. & Walter, T. (2014). *Mobile Business: Management von mobiler IT in Unternehmen*. Zürich: buch & netz.

Schierholz, R. (2007). *Mobile Kundeninteraktion bei Dienstleistungsunternehmen*. Dissertation, Universität St. Gallen (HSG), Nr. 3310.

Schildhauer, T., Hünnekens, W., Nichterlein, C. & Voss, H. (2013). *Schlüsselfaktoren der digitalen Kommunikation – Entwicklungen auf dem Weg in die digitale Zukunft*. Berlin: Institute of Electronic Business (IEB) & iDeers Consulting.

Sirtl, H. & Koch, F. (2012). Smart Apps aus der Wolke: Das Beste aus beiden Welten. In S. Verclas & C. Linnhoff-Popien (Hrsg.), *Smart Mobile Apps: Mit Business-Apps ins Zeitalter mobiler Geschäftsprozesse* (S. 369–383). Berlin, Heidelberg: Springer

Sogeti & Capgemini. (2013). *Enterprise Mobility Benchmark Tool: Helping organizations address mobile strategy and unleash mobile computing potential*. Paris: Autor.

Solis, B., Li, C. & Szymanski, J. (2014). *Digital Transformation: Why and How Companies are Investing in New Business Models to Lead Digital Customer Experiences*. San Mateo, CA: Altimeter Group.

Sonntag, R. & Müller, M. (2013). *E-Business-Reifegradmodell: Der Wert von E-Business in Ihrem Unternehmen*. Dresden: T-Systems Multimedia Solutions.

Steimel, B. & Baudis, M. (2013). *Praxisleitfaden Digitale Transformation: Wie sich Unternehmen für den vernetzten Kunden erfolgreich wandeln*. Meerbusch: MIND Business Consultants.

Strauß, R. E. (2013). *Digital Business Excellence: Strategien und Erfolgsfaktoren im E-Business*. Stuttgart: Schäffer-Poeschel.

Uhl, A. (2012). Introduction. In A. Uhl & L. A. Gollenia (Hrsg.), *A Handbook of Business Transformation Management Methodology* (S. 1–12). Farnham: Gower.

Urban Airship. (2014). *Mobile Maturity Benchmarks Report*. Portland, OR: Autor.

Van Steenbergen, M., Bos, R., Brinkkemper, S., van de Weerd, I. & Bekkers, W. (2010). The Design of Focus Area Maturity Models. In R. Winter, J. L. Zhao & S. Aier (Hrsg.), *Global Perspectives on Design Science Research: Proceedings of the 5th International Conference, DESRIST 2010, St. Gallen, Switzerland* (Bd. 6105, S. 317–332). Berlin, Heidelberg: Springer.

Vetter, T. (2013). *Enterprise Mobility: Mobile Herausforderungen für Unternehmen*. Stuttgart: M-Way Consulting.

Vom Brocke, J., Simons, A., Niehaves, B., Reimer, K., Plattfaut, R., & Cleven, A. (2009). Reconstructing the Giant: On the Importance of Rigour in Documenting the Literature Search Process. In *Proceedings of the 17th European Conference on Information Systems (ECIS 2009), Verona, Italy* (S. 2206–2217).

Walter, T., Sammer, T., von Schönberg, I. L., Kizilok, T. & Denecke, M. (2012). *Mobile Business Solutions Studie 2012: Best Practices, Barrieren und Chancen von Enterprise Mobility im deutschsprachigen Raum*. Dresden: T-Systems Multimedia Solutions.

Wamser, C. (2009). Mobile Business. In C. Zacharias, K. W. ter Horst, K.-U. Witt, V. Sommer, M. Ant, U. Essmann & L. Mülheims (Hrsg.), *Forschungsspitzen und Spitzenforschung: Innovationen an der FH Bonn-Rhein-Sieg, Festschrift für Wulf Fischer* (S. 405–417). Heidelberg: Physica.

Webster, J., & Watson, R. T. (2002). Analyzing the past to prepare for the future: Writing a literature review. *MIS Quarterly, 26*(2), xiii–xxiii.

Westerman, G., Calméjane, C., Bonnet, D., Ferraris, P. & McAfee, A. (2011). *Digital Transformation: A Roadmap for Billion-Dollar Organizations.* Cambridge, MA & Paris: MIT Center for Digital Business & Capgemini Consulting.

Westerman, G., Tannou, M., Bonnet, D., Ferraris, P. & McAfee, A. (2012). *The Digital Advantage: How Digital Leaders Outperform their Peers in Every Industry.* Cambridge, MA & Paris: MIT Center for Digital Business & Capgemini Consulting.

Zumpe, S., & Ihme, D. (2006). Information systems maturity in e-business organizations. In *Proceedings of the Fourteenth European Conference on Information Systems (ECIS 2006).*

Zwass, V. (2014). The Framework and the Big Ideas of e-Business. In F. J. Martínez-López (Hrsg.), *Handbook of Strategic e-Business Management* (S. 3–14). Berlin, Heidelberg: Springer.

Verzeichnis der verwendeten Internet-Quellen

Ahonen, T. T., & Moore, A. (2013). The Annual Mobile Industry Numbers and Stats Blog - Yep, this year we will hit the Mobile Moment.. *Communities Dominate Brands*. Abgerufen am 15. Oktober 2014 von http://communities-dominate.blogs.com/brands/2013/03/the-annual-mobile-industry-numbers-and-stats-blog-yep-this-year-we-will-hit-the-mobile-moment.html

Association for Information Systems [AIS]. (2011). *Senior Scholars' Basket of Journals*. Abgerufen am 17. Juli 2014 von http://aisnet.org/?SeniorScholarBasket

DoubleYUU. (2014). *Digital Leadership Assessment*. Abgerufen am 23. Juni 2014 von http://doubleyuu.com/leadership-assessment/

DT Associates. (2014). *Digital Excellence Maturity Assessment*. Abgerufen am 21. Juli 2014 von http://www.dt-associates.com/consulting-digital-transformation

Lehrstuhl Prof. Dr. Andrea Back [Lehrstuhl Back]. (2014). *Projekte und Referenzen*. Abgerufen am 2. September 2014 von http://www.aback.iwi.unisg.ch/kompetenz/projekte-und-referenzen/

Lopez, J., Meehan, P., Prentice, S., Raskino, M., Howard, C. & Willis, D. A. (2014). Get Ready for Digital Business With the Digital Business Development Path. *Gartner Research*. Abgerufen am 3. Juli 2014 von http://www.gartner.com/doc/2777417

McDonald, M. P. (2013). Defining digital, technology's current tower of Babel. *Accenture Digital Business Blog*. Abgerufen am 3. Juli 2014 von http://www.accenture.com/us-en/blogs/digital-business/archive/2013/08/09/defining-digital-technologys-tower-babel.aspx

neuland & Research Center for Digital Business an der Hochschule Reutlingen. (2014). Digital Transformation Maturity Model. Abgerufen am 27. Juni 2014, von http://www.dt-award.de/#dimensionendertransformation

Shetty, S. (2014). Gartner Says More than 75 Percent of Mobile Applications will Fail Basic Security Tests Through 2015. *Medienmitteilung*. Abgerufen am 1. Oktober 2014 von https://www.gartner.com/newsroom/id/2846017

Sogeti & Capgemini. (2014). *Sogeti Enterprise Mobility Benchmark* (Version 1.1.1) [Mobile Application Software]. Abgerufen am 23. Juli 2014 von
https://itunes.apple.com/app/id601881217

Stevenson, A. S. A. (2010). mature. *Oxford Dictionary of English*. Oxford University Press. Abgerufen am 8. Juli 2014 von
http://www.oxfordreference.com/10.1093/acref/9780199571123.001.0001/m_en_gb05
05420

Van der Sleen, G. & Könings, P. (2014). *The E-Business Monitor Index*. Abgerufen 27. Juni 2014,
von http://www.e-business-monitor.org/e-business-monitor/gem-index/

Wade, M., & Marchand, D. (2014). Are you prepared for your Digital Transformation? Understanding the Power of Technology AMPS in Organizational Change. *Tomorrow's Challenges*. Abgerufen am 2. Juli 2014 von
http://www.imd.org/research/challenges/loader.cfm?csModule=security/getfile&pa
geID=400740

Y&R Group Switzerland [Y&R Group]. (2014). Media Use Index 2014: Das Smartphone schlägt alle. *Medienmitteilung*. Abgerufen am 15. Oktober 2014 von http://www.media-use-index.ch/pdf/MUI-2014-Medienmitteilung.pdf

Interviewverzeichnis

Die Aufzeichnungen und Transkriptionen der Experteninterviews können auf Anfrage beim Autoren dieser Arbeit eingesehen werden.

Experte	Funktion	Datum	Dauer	Ort
Bramwell Kaltenrieder	*Managing Partner,* Crosswalk AG	12.09.2014	0h 45min	Zürich
Jonathan Möller[53]	*Gründer,* foryouandyourcustomers AG	10.09.2014	1h 30min	Uster (ZH)
Gabriele Ottino	*Head of Strategy – Digital,* Tamedia AG	16.09.2014	0h 45min	Zürich
Oliver Rükgauer	*Head of Enterprise Mobility,* Ontrex AG	16.09.2014	1h 30min	Brüttisellen (ZH)
Barbara Sichler	*Head of Audi App Center,* AUDI AG	24.09.2014	1h 30min	Telefon, Ingolstadt (D)
Mike Weber	*Vizepräsident,* smama – the swiss mobile association; *Head of Strategic Projects,* PubliGroupe AG	15.09.2014	1h 30min	Zürich

---

[53] Offenlegung: Der Autor dieser Arbeit ist seit Oktober 2014 bei foryouandyourcustomers AG angestellt. Der entsprechende Arbeitsvertrag war bereits zum Zeitpunkt der Expertenauswahl unterschrieben.

Anhang

Anhang A: Weitere Begriffsklärungen 126

Anhang B: Interviewleitfaden 128

Anhang C: Vorabdokumentation für die befragten Experten.........................129

Das im Rahmen der Arbeit entwickelte *Excel-basierte Assessment-Werkzeug* zur Anwendung des Mobile Business Maturity Models kann direkt von http://fyayc.com/mobile-maturity oder auf der Produktseite des Buches unter www.springer.com heruntergeladen werden.

Anhang A: Weitere Begriffsklärungen

Mit *Digital Business* verwandte Begriffe:

Begriff	Definition	Quelle	Theorie	Praxis
Digital Transformation	„The use of technology to radically improve performance or reach of enterprises"	**Westerman et al.** (2011, S. 5)	■	■
	„The use of new digital technologies (social media, mobile, analytics or embedded devices) to enable major business improvements (such as enhancing customer experience, streamlining operations or creating new business models)"	**Fitzgerald et al.** (2013, S. 2)	■	■
	„Organizational Change through the use of Digital Technologies to materially Improve Performance"	**Wade & Marchand** (2014, S. 2)	■	
	„The re-alignment of, or new investment in, technology and business models to more effectively engage digital consumers at every touchpoint in the customer experience lifecycle"	**Solis et al.** (2014, S. 8)		■
Digital Business Strategy	„Synchronizing digital assets and IT infrastructure with … business strategy"	**Mithas & Lucas** (2010, S. 4)	■	
	„Organizational strategy formulated and executed by leveraging digital resources to create differential value"	**Bharadwaj et al.** (2013, S. 472)	■	
Digitalisierung	„Veränderung von Geschäftsmodellen durch die Verbesserung von Geschäftsprozessen aufgrund der Nutzung von Informations- und Kommunikationstechniken"	**Deloitte** (2013, S. 8)		■
Digital Enterprise	„A company's acumen at understanding, valuing, and weaving technology throughout the enterprise"	**Curran et al.** (2014, S. 2)		■
		Σ	5	5

Mit *Mobile Business* verwandte Begriffe:

Begriff	Definition	Quelle	Herkunft	
			Theorie	Praxis
Mobile Enterprise	„A mobile enterprise is not merely a collection of people with handheld devices, smart phones, tablet PCs, and pagers. … Mobile enterprises exhibit higher levels of access, interaction, and adaptability than their static counterparts do."	**Basole & Rouse** (2007, S. 481)	■	
	„Organizations that are mobile enterprises … have enabled flexible and scalable enterprise-wide mobility—for employees and customers—using a holistic, integrated approach. By taking an integrated approach that aligns mobility initiatives with each other and with business models, goals and objectives, these organizations are able to provide instant access to business-critical data and applications for a variety of devices, while still maintaining high levels of security."	**IBM** (2013, S. 2)		■
Enterprise Mobility	"Eine Strategie, Prozesse und Anwendungen so zu gestalten, dass sie zu jeder Zeit und von jedem Ort aus genutzt werden können"	**Vetter** (2013, S. 2)		■
		Σ	1	2

Anhang B: Interviewleitfaden

Einsatz von Mobile Business	• Welche **Relevanz** hatte Mobile Business für Sie und Ihr Unternehmen (und/oder Ihre Kunden) bereits vor diesem Interview?
	• Wie wird Mobile Business heute bei Ihnen (und/oder Ihren Kunden) **eingesetzt?**
Mobile Business Maturity Model	• Was ist Ihnen im Zusammenhang mit dem Maturity Model generell **positiv** aufgefallen?
	• Wo sehen Sie allgemein noch **Verbesserungspotenzial?**
	• **Diskussion der einzelnen Dimensionen und Ausprägungen** anhand des Maturity Models
	o Sind die Reifeanforderungen und -kriterien (Objekte) der einzelnen Dimensionen **verständlich** und in sich **konsistent?** Sind sie genug konkret formuliert?
	o Entsprechen die **Steigerungen** / Abstufungen der Anforderungen in etwa dem Stand der Praxis? Sind diese zu leicht / zu schwierig erfüllbar? Bilden sie in etwa den gängigen Entwicklungspfad in diesem Bereich ab?
	• Bilden die 12 Dimensionen in den vier Ebenen die **zentralsten Aspekte** rund um Mobile Business ab? **Fehlen** allenfalls weitere wichtige Faktoren?
	• Wie beurteilen Sie die Abstufung der Reife anhand von **fünf Maturity Levels?** Ist diese zu detailliert oder zu grob? Was denken Sie zur **Begriffswahl** der Levels anhand der Theorie der Innovationsdiffusion?
Nützlichkeit und Praxistransfer	• Inwiefern kann das entwickelte Maturity Model Unternehmen dabei helfen, eine **Standortbestimmung** bezüglich ihrer digitalen Transformation durch Mobile IT vorzunehmen? Inwiefern kann dadurch allenfalls auch der entsprechende Wandel unterstützt werden?
	• Wie sollten **Transfermedien** ausgestaltet sein, damit Unternehmen das Modell möglichst einfach verwenden können?
	• Welche Tools, **Hilfestellungen** und anderweitigen Unterstützungsmöglichkeiten würden Sie sich für die Anwendung und Verwendung des Maturity Models wünschen?
	• Wo sehen Sie **Schwierigkeiten in der Anwendung des Modells?**

Anhang C: Vorabdokumentation für die befragten Experten

Institut für Wirtschaftsinformatik

Universität St.Gallen

Institut für Wirtschaftsinformatik
Lehrstuhl Prof. Dr. Andrea Back
Universität St. Gallen (HSG)
Müller-Friedberg-Strasse 8
9000 St.Gallen

Entwicklung eines Mobile Business Maturity Models

Kurzbeschreibung

Die rasante Verbreitung mobiler Kommunikationstechnologien hat in den vergangenen Jahren dazu geführt, dass mobile Endgeräte immer mehr den Eingang in den Unternehmensalltag finden und dort zunehmend auch zur Abwicklung von Geschäfts- und Transaktionsprozessen benutzt werden. Nachdem Unternehmen zunächst ihre Innovationsbudgets eingesetzt haben, um erste Anwendungen zu entwickeln und durch Experimentieren Erfahrungen zu sammeln, wird ein unternehmensweites, professionelles Management von Mobile Business nun immer wichtiger.

Das vorliegende Projekt möchte dazu einen Beitrag in Form eines Maturity Models (deutsch: Reifegradmodell) leisten. Damit erhalten Unternehmen ein wirkungsvolles Instrument zur Standortbestimmung und Unterstützung der digitalen Transformation durch Mobile IT.

Vorgehensweise

Juni / Juli 2014
- Erarbeitung des Wissensstandes zu Mobile Business in Wissenschaft und Praxis
- Ermittlung existierender Maturity Models zu Mobile- und Digital Business

August 2014
- Entwicklung des Mobile Business Maturity Models basierend auf den existierenden Modellen sowie Erkenntnissen aus Studien und wissenschaftlicher Literatur

September 2014
- Experteninterviews (ca. 60 Minuten, persönlich oder per Telefon) zur Evaluation und Weiterentwicklung des konstruierten Maturity Models

Oktober / November 2014
- Einreichung einer Master-Arbeit zum Thema „Mobile Business Maturity Model"

Ergebnisse werden am Schluss gerne mit den Interviewpartnern geteilt und weiter diskutiert.

Ansprechpartner

Martin Egeli

Double Degree Master-Student in Business Innovation (HSG) und International Management (CEMS), Master-Arbeit betreut von Prof. Dr. Andrea Back http://www.aback.iwi.unisg.ch/

E-Mail	martin.egeli@student.unisg.ch
LinkedIn	https://ch.linkedin.com/in/martinegeli
Xing	https://www.xing.com/profile/Martin_Egeli

Printed in the United States
By Bookmasters